결혼을 디자인하라

목 차

프롤로그 12

1 결혼 고민

할거냐 말거냐 20
내 인생의 권한대행 | 선택과 불안감 | 결혼 오지랖 | 부모의 모습을 본 자녀의 비혼 결정 | 어른들이 자녀 결혼을 집착하는 이유 | 결혼은 당연한 것?

장단점 26
질문과 답변에 대한 불편 | 아이의 효과 | 시간 사용 | 스트레스 | 가정경제

한다면 누구를 선택할 것인가? 33
잘 모르는 선택 기준 | 콩깍지와 이혼 | 나는 어떤 사람인가?

안 한다면 뭐가 문제인가? 35
불효자 | 결혼을 안 해서 그래! | 보완자와 원수

결혼을 하려는 목적은 무엇인가? 39
출산을 할 나이 | 신분의 변화 | 결혼에 대한 욕구 | 정략적인 목적 | 축복

결혼을 못하는 사람들   43

결정권이 부모에게 있는 사람 | 사람 자체를 만나기 힘들어하는 사람 | 너무 따지는 사람 | 게으른 사람 | 매력이 없는 사람

2 새로운 사람과의 만남

이런 사람을 만나야 한다   52

사람의 이해도가 높은 사람 | 사람을 대하는 모습으로 판단하라 | 만들어진 사람이 아닌 만들어질 사람을 찾아라 | 성격이 비슷한 사람 | 매뉴얼을 지키는 사람 | 웨딩보다 이후의 삶에 더 중요성을 두는 사람 | 스스로 결정할 수 있는 사람

이런 사람은 만나면 안 된다   72

부모로부터 독립이 안 된 사람 | 잘못된 결혼관을 갖고 있는 사람 | 에니어그램에서 말하는 '불건강한 범위의 사람' | 교류분석에서 말하는 심리게이머 | 그래도 만나는 이유는 당신 때문이다

결혼 긍정의 배신   93

원하는 사람을 만나지 못한다 | 달콤한 로맨스의 거품 | 자존감 약한 사람들의 자랑질 | 결혼 전과 후의 사람의 변화 | 사랑으로 다 된다는 생각

만나기 위한 방법   103

자연스러운 만남 | 소개받기

3 결혼정보회사

중매쟁이　110
압구정 중매쟁이 | 중매쟁이 일의 시작 | 결정사로의 변신

제도　112
성혼사례비와 가입비 | 세 가지 제도

국제결혼정보회사　114
국제결정사의 등장 | 국제결정사의 문제점

대형화　115

몰락　116
시장의 4단계 | 연예인 등장 | 투자 제안 전략 | 결혼 수요의 감소 | 온라인의 등장 | 증가하는 마케팅 비용 | 1등

커플매니저　124
결정사 결정 요인 | 회사의 매니저 육성시스템 | 매니저의 경력

이용자　126
시간 효율성 | 잘못된 만남으로 인한 리스크 제거

결혼정보업체를 통해서도 결혼 못하는 사람들　127
빨리 결혼? | 높은 눈높이 | 어머니의 개입

가입　130
가입 조건의 까다로움 | 일반회사와 노블회사

골드미스와 골드미스터　132
여자보다 기회가 많은 남자 | 포기할 것과 따질 것 선택

중단하는 고객　134

등급　136
낚시성 등급 키워드 | 무의미한 등급 | 비난받는 등급

학력과 능력　138

4 결혼 공부

나라는 사람　142
성격 파악 | 재능 파악 | 결혼교육을 받지 않은 나라는 사람

여러 교육들　145
변화를 요구하는 교육 | 무엇을 가르치는 교육을 선택할 것인가 | 예비부부학교 | 예비아빠엄마학교 | 좋은부부학교 | 책 추천

주변의 조언들   151

꼰대 조언자 | 지혜로운 조언자 | 멘토와의 미팅

비교하는 지인들   154

이혼   155

이쁜 여성과 결혼한 남자 | 남자의 재산을 보고 결혼한 여자 | 이혼을 꺼리는 분위기 | 자녀 때문에 참고 살았다는 말의 위험성 | 이혼 이후의 삶의 각오 | 3가지 결정할 것들 | 협의이혼 | 재판이혼 | 이혼 소송을 할 때 유의사항 | 이혼을 하기 힘들어하는 사람들에게

자신이 싫어하는 사람 정리해보기   165

준비 완료가 아닌 배움의 시작   167

준비 완료라는 것은 없다 | 성장시키는 배우자 | 천생연분

롤모델   173

목적이 일치해야 한다 | 결정사에 롤모델 조건이 있는가 | 롤모델과 비교모델

5 바뀌는 삶

두 집안의 연결   180

결혼의 평화 효과 | 집안의 경제력 차이 | 집안의 학력 차이 | 차이를 좁히는 평생교육 | 부모에 대한 자세

남자와 여자　185
남자의 역할 | 여자의 역할 | 부모님의 모습이 떠오른다 | '하나'라는 것의 의미

출산과 육아　190
남자는 잘 이해하지 못한다 | 육아의 피곤함 | 출산 결정은 어떻게? | 무례한 조언 | 경력 단절 | 다시 회상

수입과 지출　196
남는게 없다! | 가계부를 쓰나요?

성격의 변화　198
성격 변화한다? | 성격 공부 늦지 않았다 | 시댁을 통한 성격 변화 | 육아를 통한 성격 변화 | 포기가 아닌 성숙

자녀 교육　203
완벽한 아이 팔아요 | 행복을 빼앗은 부모 | 교육관 확인했는가?

가치관 대화 필요　209
민감한 것의 대화 필요 | 가정에서의 대화 시간 보장

에필로그　214

결혼을 디자인하라 진단지와 해설　220

프롤로그

결혼 매우 중요하다. 그 중요도에 비해서 큰 고민을 하지 않는다는 점을 말하고 싶어서 이 책을 기획하게 되었다. 이 말에 대해서 이해가 되지 않는다고 말하는 사람이 있을 것이다. 결혼 상대와의 조율, 결혼식 준비, 출산과 육아에 대한 계획 등 많은 준비를 하고 있고 이미 그것으로 머리가 아플 지경인데, 고민을 하는 것이 아니라고 말을 하니 왠지 저평가하는 것 같이 들릴 것이다. 하지만 고민을 하지 않는다는 말이 사실임을 말해주고 싶다. 그 근거로 높은 이혼율을 들 수 있고, 이혼을 하지 않았더라도 관계의 문제가 끊임없이 이어지는 것을 보면 결혼에 대해서 잘못된 준비를 하지 않았나 생각해볼 필요가 있다. 잘못된 준비로 인해 스트레스가 큰 것을 마치 준비를 많이 한 것으로 착각하고 있는 것은 아닌지 생각해보기를 바란다.

그 점에 대해서 교육의 문제점을 언급하고 싶다. 학창시절 수학이라는 과목은 집합부터 시작해서 함수까지 체계적인 커리큘럼으로 공부를 하게 된다. 그런데 수학은 일생을 살아가는데 매우 활발하게 사용하는 것 같지는 않다. 성인이 되어 생각해봐도 이 사회가 왜 그렇게 수학 공부를 열심히 시켰는지 이해되지 않는 분들도 많을 것이다. 그에 반해 결혼은 인생동안 영향을 미치는 중요한 결정이다. 왜 수학만큼의 결혼에 대한 제대로된 교육은 없는 것일까? 있더라도 제각각 경험담을 나누는 수준이지 올바른 선택을 할 수 있는 교육은 없는 것일까? 중요도는 그 어떤 분야보다 압도적으로 큰데 이상하다. 그래서 각자 자신이 알아서 책임을 져야 하며 그 마지막 해결책 중 하나가 이혼이 되기도 한다. 여기에서 이혼을 선택하는 것이 나쁘다는 것을 말하는 것은 절대 아니다. 갈등이 심화된 상태에서는 이혼도 좋은 해결방법 중 하나라고 말하고 싶다. 그래서 이 책의 목차에도 '이혼'이 들어가 있다. 100% 자신에게 딱 맞는 성격과 조건의 사람을 결혼상대로 찾으라는 것도 아니다. 그런 사람이 세상에 어디에 있을까? 만약 있더라도 극히 일부의 사례일 뿐이다. 천생연분인 사람이 결혼에 대해서 코칭을 잘 해줄 수 있을까? 오히려 다른 세계의 사람이라 현실적인 도움이 되지 않을 것이다. 천생연분인 사람을 만나는 것에 기대를 갖는 것 보다는 문제가 될 수 있는 사람을 선택하지 않는 것이 더 좋은 전략이다. 그 대표적인 방법이 사기꾼을 선택하지 않는 것이다. 사기꾼과 결혼한 사람은 어떤 판단기준이 있었기에 사기꾼을 선택했을까? 심지어 사기꾼인지 몇 년을 살아보고 알게 된 사람도 많다. 사기꾼 외에 아이를 키울 준비가 되어 있지 않은 사람도 문제가 될 수 있다. 책임감이 없어서 아이가 생기더라도 육아에 전혀 도움을 주지 못하는 어른을 방송 프로그램에서 심심찮게 보게 된다. 이것은 꼭 남자쪽만의 사례가 아니다. 반대로 육아를 하지 않는 여자도 있다. 사기꾼, 무책임자 둘 다 자신의 삶은 알아서 살아가 겠지만 결혼은 하지 말아야 할 사람이다. 이런 사람을 배우자로 선택하는 것은 불행한 삶을 살아보겠다고 결정하는 것과 같다. 자신만 불행할까? 그렇지 않다. 그 가족들 모두 불행을 겪게 된다.

올바른 선택을 했다면 그 삶은 정반대로 이어진다. 상대방을 통해서 성장하는 삶이 시작된다. 서로의 부족한 점을 보완하게 되는 것 뿐만 아니라 그 이상의 발전이 이루어진다. 그래서 결혼 상대자를 잘 선택하는 것은 그 이후의 새로운 삶을 결정한다고 볼 수 있다. 결혼은 대학 입시보다 훨씬 큰 결정일 수밖에 없는데 그보다 못한 노력과 준비를 한다는 것이 잘못된 현실이다. 입시는 초중고 12년이라는 기간 동안 준비하는데 반해 결혼을 위해서는 단 하루라도 앉아서 집중하며 공부하고 따져보았는가. '어떻게 해서든 해치워야 하는 일' 정도로 가볍게 여기지는 않았는가.

이 책에서는 너무나 뻔한, 기혼자들이 흔히 이야기하는 그런 내용을 정리한 것이 아니다. 공감을 유도하기 위한 내용도 아니다. 지극히 현실적인 이야기를 할 것이며 낭만이 느껴지지 않을 수도 있다. 낭만은 올바른 결혼을 선택했을 때에만 가능하다. 결혼공부는 결혼하기 전에 해야 할 필수 교육이지만 우리는 지금까지 그렇게 하지 못했고, 결혼한 후 알아서 맞춰서 살아야 한다는 강요를 받았다. "결혼은 다 그런거야."라는 식으로 말하는 경험자가 주변의 흔한 스승이었다. 무책임한 코칭이 아닐 수 없다. 나도 힘들었는데 너도 힘든 게 당연하니 참고 잘 지내라는 것과 같다. 물론 그 정도의 인내가 필요하니 참고 지내는 것의 중요성을 말한다는 점에서는 좋은 의미를 담고 있다. 하지만 그 외의 내용이 없다는 점이다.

결혼 상대로 누구를 만나야 하는지에 대해서 언급을 했는데, 결혼이라는 것 자체를 할지 말지에 대해서 고민인 사람도 많은 것으로 한다. 이상적인 상대가 없으니 결혼해서 어느 정도 불행한 삶을 사느니 혼자 사는 것이 낫다라는 판단 하에 결혼을 반대하는 사람도 많은데 사실 어느 정도 매우 공감한다. 결혼을 하지 않았을 때의 장점도 있기에 관습적으로 무조건 결혼을 해야 하는 것은 아니다. 그래서 이런 사람들에게 결혼 자체를 어떻게 보고 결정해야 하는지에 대해서도 내용을 다루었다. 요즘은 '결혼했냐', '아이는 있냐', '둘째는 언제 갖냐'와 같은 질문을 당연하듯이 하면 안 된다. 한국의 많은 어른들이 이런 질문을 처음 보는 사람에게도 쉽게 하는데 그 오지랖이 얼마나 큰 실수인지 잘 모른다. 이제는 그것을 꼰대라고만 할 것이 아니라 진짜 실수라고 교육을 해줘야 한다.

결혼을 할 나이가 되는 시점부터 애매한 상황은 계속 벌어진다. 그 상황을 피하고 싶은데 그게 쉽지 않다. 명절 때 집에 내려가고 싶지 않을 것이다. 피하면 계속 피해야 한다. 피하지 말고 부딪혀 자신의 결정에 대해서 설명을 해야 한다. 지금은 그렇게 말을 해야 하는 시대다. 소극적인 자세로 아무런 계획도 없이 주변 사람들의 접촉을 회피할 게 아니라, 자신의 계획을 세우고 주장할 필요가 있다. 무책임한 자신이 되지는 말아야 한다.

'다 때가 있다'란 말이 있다. 공부할 때가 있고 결혼을 할 때가 있다. 지금은 이 때의 범위가 예전보다 넓어졌다. 나이를 먹어서도 공부할 수 있고 40대에 하는 결혼도 그리 늦지 않다. 이혼에 대한 주변의 시선도 많이 바뀌었다. 그런 점에서 선택할 수 있는 기회가 매우 많은 시대에 살고 있다. 이런 시대에 성급하게 결정하지 말고 신중하게 선택하면 매우 행복한 삶으로 나갈 수 있다.

이제는 재혼도 많아졌고 그 재혼이 행복을 가져오는 경우도 많다. 이 책의 내용은 재혼에도 매우 좋은 매뉴얼이 될 수 있다. 그들은 더 신중하게 좋은 선택을 하고 싶어하는 경험자들이다. 첫 번째 결혼의 경험으로 좀 더 발전된 두 번째 선택을 한다고 생각하겠지만 그렇지 않은 경우를 너무나 많이 본다. 경험적이고 주관적인 판단으로 결정을 하다보니 실패 가능성이 클 수밖에 없다. 좀 더 냉철하게 판단하자.

원하는 상대를 어떻게 찾을 것인가에만 몰두해서는 안 된다. 나 또한 누군가에게 선택이 되어야 하는 사람이다. 그렇다면 나도 다른 사람에게 괜찮은 사람인가 생각해봐야 하지 않을까? 따져보면 준비해야 할 것들이 많을 것이다. 이전과는 다른 노력이 필요하다. 결혼을 위해서 괜찮은 척하는 작전은 100% 실패의 결과를 가져온다. 불행한 삶으로 가는 공식이다. "마음에 드는 사람이 있을 때 자빠뜨려서 결혼해."라는 식의 조언을 누군가 한다면 1900년대 사람의 무지한 조언이라고 생각하고 무시하자.

그렇게 결혼하면 곧바로 이혼으로 들어가게 될 수 있다. 이혼하는 것이 쉬워졌다는 것을 반드시 기억하자. 좋은 조언을 듣기 힘들고 좋은 롤모델을 찾기 힘들다. 이 책이 훌륭한 조언을 해주는 롤모델이 될 것이다. 이 책은 이미 결혼을 한 기혼자에게도 하고 싶은 말을 썼다. 결혼을 했지만 그냥 포기하고 살지 말자. 남편과 아내 둘 다 새로운 결혼 디자인을 하자. 결혼 이후의 인생은 매우 길다. 인생의 2막을 멋지게 만들 필요가 있다. 서로 무엇을 노력해야 하는지 그 내용을 꼭 확인하자. 독자 여러분의 행복한 삶을 응원한다.

2020년 5월 20일

1

결혼 고민

할거냐 말거냐 내 인생의 권한대행 | 선택과 불안감 | 결혼 오지랖 | 부모의 모습을 본 자녀의 비혼 결정 | 어른들이 자녀 결혼을 집착하는 이유 | 결혼은 당연한 것?

장단점 질문과 답변에 대한 불편 | 아이의 효과 | 시간 사용 | 스트레스 | 가정경제

한다면 누구를 선택할 것인가? 잘 모르는 선택기준 | 콩깍지와 이혼 | 나는 어떤 사람인가?

안 한다면 뭐가 문제인가? 불효자 | 결혼을 안 해서 그래! | 보완자와 원수

결혼을 하려는 목적은 무엇인가? 출산을 할 나이 | 신분의 변화 | 결혼에 대한 욕구 | 정략적인 목적 | 축복

결혼을 못하는 사람들 결정권이 부모에게 있는 사람 | 사람 자체를 만나기 힘들어하는 사람 | 너무 따지는 사람 | 게으른 사람 | 매력이 없는 사람

할거냐 말거냐

내 인생의 권한대행

자신의 자율권과 '나는 누구인가'에 대한 정체성을 뒤늦게 찾아 헤매다 보면 어느덧 20대의 끝자락에 서있게 되는 자신을 발견하게 된다. 내 진정한 일은 무엇이며, 내가 정말 원하는 것이 무엇인지 미처 깨닫지도 못했는데 주변에서는 이제 시집·장가를 가야할 나이가 됐다며 떠밀 듯 결혼에 대한 당위성을 나에게 부여한다. 신체적 나이는 사회적 역할을 행사해야 할 의무감으로 나를 재촉하는데, 내 마음의 나이는 아직 그에 발맞추지 못해 억울할 지경이다. 모두가 말하는 그 나이에 맞춰 당연히 해야 할 것들은 도대체 누가 정한 것인지, 특히 결혼에 대한 적절한 '때'는 대체 어디서 온 것인지 혼란스럽기만 하다. 현실이 이렇다 보니 결혼은 미룰 수 있을 때까지 미루게 되거나 비혼을 선택하게 된다.

일반적으로 20·30대가 되는 우리의 모습을 보자. 누군가의 지도와 조언 아래서 수동적으로 움직였던 초·중·고등학교 시절을 지나 대학교 전공 마저도 부모님이나 선생님의 선택에 발맞춰 20대가 된다. 갑작스럽게 얻은 자유에 더해 지금 하고 있는 것들이 진짜 내가 원하는 것인지 혼란까지 찾아온다. 자율적인 선택의 권리와 그에 맞는 책임을 한 번도 제대로 누리지 못한 시절, 내 정신과 마음은 아직 따라가기 바쁜데 사회는 이제 내게 능력과 책임을 강요한다. 거기에 더해 주변 지인들로부터 '결혼은 언제쯤'이냐며 묻는 시기가 바로 그 뒤를 따른다.
나의 20대까지 쭉 권한대행을 했던 부모님은 이제 내 결혼까지 권한을 행사하려 한다. 모든 부모가 한 마음으로 '자식이 다 잘 되기를 바라는 마음'이라는 의도로 결혼이라는 틀 안에 나의 상태와는 상관없이 밀어 넣으려고 한다.

선택과 불안감

이제 나는 선택을 해야 한다. 다른 사람의 말에 의해 내 인생을 흘러가게 하기에는 너무 큰 인생의 터닝포인트이기 때문에 그냥 허용하고 싶지는 않다. 내 인생에서 결혼만큼은 내가 결정하기로 마음을 먹게 된다. 처음으로 자신의 경제적, 현실적인 모습을 보게 되는 시점이다.

부모님을 떠올리고, 주변 지인들을 살펴보면 불안감을 지울 수가 없다. 연애를 하고 있다고 해도 이 사람과 결혼을 하는 것이 맞는 것인지, 결혼해서 잘 살 수 있을지 잘 그려지지 않는다. 막연한 행복함을 꿈꾸기 전에 경험하지 않은 미지의 세계에 대한 불안감이 더 크게 다가온다. '싱글이 좋다', '그래도 결혼은 해라' 등 결혼한 선배들은 제각각 혼란을 더하는 조언들만 할 뿐이다. 결혼, 정말 해야 하는 걸까?

결혼 오지랖

요즘 결혼을 하지 않는 사람들이 많다. 나이가 많은 어른들 입장에서는 이해가 되지 않는다. 그래서 명절 때 가족이 모이면

못마땅한 결혼 관련 이야기를 꺼낸다. 어른들은 자녀의 결혼을 마치 자신들이 해치워야 하는 숙제로 생각을 한다. 자녀의 삶이 아닌 어른의 숙제로 여기기 때문에 매우 깊게 관여를 한다. 그래서 자녀는 명절에 잠깐 인사만 드리고 바쁘다는 핑계로 나와버린다. 어른들의 고집이 자녀와 대화를 나눌 수 있는 명절을 갈등의 시간으로 바꿔버린다. 심지어 1:1로 이야기하는 것이 아닌, 다른 어른들이 많이 있는 자리에서 들으라는 식으로 결혼 이야기를 꺼낸다. 자녀는 다음 명절부터는 아예 집에 내려가지 말아야 겠다는 결정을 하게 된다. 이것은 너무나 깊게 간섭하고 관여하는 한국의 오지랖 문화 중 하나라고 할 수 있다.

부모의 모습을 본 자녀의 비혼 결정

어른들은 요즘 왜 결혼을 하지 않는 젊은 사람들이 늘어났는지 생각해봐야 한다. 자신들의 시대와 다르다는 것을 알아야 한다. 경제적인 상황도 다르고 생각하는 것도 다르다. 자신의 부모만 보더라도 결혼하고 사는 모습이 행복해 보이지 않는다. 아버지는 힘들게 일을 몇 십년 동안 했는데 노동은 줄어들지 않았고 형편도 나아지지 않았다. 어머니는 자녀들을 키우기 위해서 궁색하게 아끼며 사셨는데 그 모습이 행복해 보이지 않는다. 또한 자신이 사춘기 때 부모에게 한 모습을 생각하고 자신도 그런 자식을 키우는 것을 생각하니 눈 앞이 캄캄하다. 그럴바에야 혼자 사는 것이 좋겠다는 생각을 한다. 돈을 덜 벌어도 되고, 갖고 싶은 것을 마음대로 살 수 있고, 힘들게 자녀를 키우지 않아도 된다. 자녀가 있다고 노년에 보살핌을 잘 받는 것 같지도 않은데 자신의 노년을 자신이 직접 준비하는 것이 더 낫겠다는 이성적인 판단을 한 결정이다. 이런 판단을 부모에게 이야기하면 "다 살게 되어있어. 어려우면 어려운대로 다 헤쳐나가게 되어있어. 결혼해."라고 단호하게 말씀을 하신다. 자녀의 의견을 고민해보지 않고 무조건 결혼하라는 강요의 발언이다. 이때부터 자녀는 더 이상 자신의 의견을 말하지 않게 된다. 이야기해봤자 결론은 "결혼해."일 뿐이다. 그 어떤 설명이나 공감은 없다.

어른들이 자녀 결혼을 집착하는 이유

여기에서 어른들은 왜 자녀의 결혼에 집착하는지 생각해보자. 어른들은 사실 자신들을 위해서 자녀의 결혼을 강요한다. 말로는 "결혼하지 않으면 나중에 후회해."라고 말을 하지만 사실 결혼하지 않은 자녀가 있다는 것이 부끄럽다. 일단 자신의 숙제를 마치지 못했다는 점이 부끄럽고, 결혼하지 않은 자녀에게 뭔가 문제가 있다는 수군거림이 부끄럽다. 그런데 이것은 자신들의 시대에서나 느낄 수 있는 것이지 지금은 그렇지 않다. 결혼을 못하는 것이 아니라 안 하는 것일 뿐이다.

자녀의 결혼에 집착하는 이유 중에는 돈도 연결되어 있다. 그동안 자신이 여기저기 축의금으로 낸 돈이 있는데 그것을 회수하려면 내 자녀가 결혼을 해야 한다. 그 금액이 몇 백만원 또는 몇 천만원이 되는 사람도 있다. 자녀의 독신 선언은 그 부모에게 못 받게 될 돈을 회상하게 해준다. 돈 때문이라고 자녀에게 말을 하지 못하니 무조건 결혼만 주장할 뿐이다. 어떤 부모는 자녀가 언제 결혼해야 하는지 그 날짜까지도 결정한다. 왜냐하면 곧 정년이 되어 회사를 그만 두게 되는데 그 전에 자녀가 결혼을 해야 그 지인들이 오게 되고 축의금을 걷을 수 있게 되기 때문이다. 이왕이면 많은 축의금이 들어오는 것이 좋지 않은가. 그것으로 인해 자녀의 결혼 날짜가 결정되고 심지어 부모의 결정에 순종을 잘하는 자녀도 있다. 이렇게 자녀 결혼시키고 그동안 낸 축의금을 회수하게 되면 그 부모는 자신의 할 일을 다 했다고 생각하고 매우 뿌듯해한다. 그런데 잘 생각해보면 부모가 생각하는 자녀의 결혼 목적은 무엇인가. 체면과 품앗이 그리고 회수일 뿐이다. 자신의 때에 그 관습을 끊어야 자녀가 행복해할 텐데 그렇지 않은 부모의 모습을 보여준다. 자녀의 결혼을 축복해주는 결혼식이 아니라 부모의 지인들을 다 만나는 자리이고

결혼 고민

누가 오고 누가 안 오는지 인간관계를 확인하는 자리이다. 부모는 이런 인생의 큰 목적을 달성해야 하는데 자녀가 결혼을 하지 않는다고 하면 부모 입장에서는 어떻게 들리겠는가. 그래서 자녀에게 화를 내는 것이다. 부모는 자녀에게 차마 자신의 '세 가지 목적'이 있다고 말하지는 못한다. 그래서 자녀는 왜 부모가 이렇게 나의 결혼에 집착하는지 이해가 안 된다. 이때 부모 자식간의 갈등이 매우 심해지기도 한다. 부모 스스로 잘 생각해 봐야 한다. 자녀의 결혼은 자녀를 위한 것이다.

결혼은 당연한 것?
부모가 다 자신의 목적 달성 의도만 갖고 있는 것은 아니다. 자녀가 결혼해서 자녀를 낳고 행복하게 살기를 바라는 마음도 당연히 갖고 있다. 아마 대부분의 부모가 그럴 것이다. 하지만 결혼을 한다고 다 행복한 삶을 살고 있지 않다. 그런데 행복한 결과만 예상하고 무조건 결혼을 권유하는 것도 좀 달리 생각해봐야 한다.
결혼과 출산은 창조자의 뜻이기에 당연히 그래야 한다고 생각하는 것도 이해는 된다. "그러므로 사람이 부모를 떠나 그의 아내와 합하여 그 둘이 한 육체가 될지니" 엡 5:31 이와 같은 성구의 내용으로 결혼은 당연히 해야 하는 신의 뜻으로 생각을 한다. 하지만 이런 내용도 있다. 예수를 따르는 사도 바울은 "내가 혼인하지 아니한 자들과 및 과부들에게 이르노니 나와 같이 그냥 지내는 것이 좋으니라. 만일 절제할 수 없거든 혼인하라. 정욕이 불같이 타는 것보다 혼인하는 것이 나으니라. ~ 그러나 내 뜻에는 그냥 지내는 것이 더욱 복이 있으리로다." 고전 7:8~9, 7:40 사도 바울은 창조주가 보낸 예수를 믿는 사람으로써 결혼에 대해서 위와 같이 언급을 했다. 결혼을 함으로 벌어지는 일들에 얽매이는 것보다 결혼을 하지 않는 것이 낫다고 이야기를 하고 있다. 오늘날 결혼을 함으로 힘든 삶이 뻔히 보이는 이야기와 일맥상통하는 내용이다. 결혼은 필수가 아니라 선택이라는 말이다. 그래서 무조건 창조주가 결혼하라고 했다는 말만 하지는 말자. 물론 정욕이 불타는 사람은 알아서 결혼을 할 것이다.

장단점

질문과 답변에 대한 불편

사람은 나이를 먹어감에 따라 그에 맞는 삶의 패턴을 따르게 된다. 모두가 그런 패턴을 동일하게 따르는 것은 아니지만 혼자 사는 세상이 아닌 이상 그 영향을 상당히 많이 받게 된다. 주변 사람들 대부분이 결혼을 하고 아이를 낳았는데 나 혼자 결혼을 하지 않았고 아이가 없다면 그들과 공감대를 갖기에는 어려움이 있다. 남을 의식하지 않고 나의 주도적인 삶을 살기로 마음을 먹었을지라도 주변 친구들과 대화를 할 때마다 부담스러워 지는 상황이 벌어지는 것은 어쩔 수 없다. 이런 부담은 현실에서 매우 크게 다가오며 특히 기혼자들은 그 질문을 자연스럽게 묻는다. 여기저기에서 "결혼했어요?", "아이는 몇 살이에요?"라고 묻는다. 이런 질문은 곤란하게 만들기 위한 의도는 전혀 없다. 그 사람을 알기 위한 관심으로 묻게 되지만 그때마다 "저 결혼 안 했어요.", "아이는 없어요."와 같은 답변을 할 수 없음이 매우 불편하다. 결혼을 하고 아이가 있다면 이런 질문의 불편함은 싹 사라진다. 오히려 그런 질문으로 서로 가까워지는 효과도 있게 된다. 남자에게도 비슷한 질문이 있다. 20대 남자에게 "군대는 다녀왔어요?"란 질문을 하게 되는데 그것은 현재 이 남자의 상황이 어떤지를 파악하기 위해서 그렇다. 이때 미필이라면 20대가 끝날 때까지는 곤란함이 이어진다. 결혼 질문, 병역 질문에 이런 미묘한 분위기가 있다는 것은 부정할 수 없다. 물론 이런 질문이 불편해서 결혼을 하는 것은 말이 되지 않는다. 결혼을 하지 않는 사람은 이런 불편함이 있다는 것을 예상하고 결심을 할 것이다. 그래도 다행인 것은 이런 질문이 상대를 불편하게 할 수 있다는 인식이 커졌다는 것이다.

아이의 효과

아이를 키우는 것은 다른 어떤 일보다도 더 힘들다. 하지만 먼저 긍정적인 면을 말하고자 한다. 아이는 태어나 부모에게 엄청난 기쁨을 준다. 내가 낳은 아이가 주는 귀여움이란 말로 표현하기 힘들 정도로 대단하다. 귀여운 아이를 보았을 때 "귀여워!"란 말이 자동적으로 나오는데, 내 자식이 그렇다면 그 효과는 훨씬 크다. 이것을 교류분석에서는 '스트로크'라는 개념으로 설명한다. 스트로크는 '긍정적인 자극'이라는 뜻인데, 이런 자극은 이상한 대화를 하도록 만드는 것을 막아준다. 긍정적인 스트로크가 채워지지 않으니 부정적인 스트로크를 사용하게 되는데, 그것이 이상한 대화를 하도록 만드는데 영향을 준다. 그래서 아이의 탄생은 부모의 대화 습관을 좋게 만드는데 도움을 준다고 해도 과언이 아니다. 그런 점에서 아이는 하늘이 준 선물이라고 할 수 있다.

반대로 아이를 키우는 것의 부정적인 면이 있다. 가장 큰 특징은 체력적으로나 정신적으로 부모를 지치게 만든다. 아이가 어릴 때에는 밤마다 울기 때문에 잠을 제대로 잘 수가 없다. 아이가 아플 때, 볼일 볼 때, 보챌 때 등 다급한 상황이 한 번에 닥쳐온다. 아이가 한 명이 아니라 여러 명이라면 그 스트레스는 몇 배가 된다. 엄청난 기쁨을 주기도 하지만 엄청난 스트레스

도 함께 준다. 결혼은 하지만 아이를 낳지 않는 사람들은 이 스트레스 때문일 가능성이 크다. 아이에게 쏟는 에너지를 원천봉쇄하고 부부가 원하는 삶을 살고자 하는 것이다. 행복해지고자 결혼도 하는 것인데 매우 일리가 있는 결정이다.

시간 사용

결혼을 하면 혼자 사는 삶에서 둘이 함께 사는 삶으로 바뀌고 아이가 생기면 우선순위는 배우자가 아니라 아이로 바뀌게 된다. 대표적인 변화가 외출을 할 때다. 혼자 살 때에는 내 몸만 챙기면 되었지만 결혼 이후로는 나 외의 가족을 챙겨야 한다. 즉 귀찮은 일들이 많이 늘어난다. 외출을 할 때 남녀의 외출 속도가 다른 것으로 인해서 갈등이 생기는 것은 다반사다. 특히 아이가 생긴 이후부터는 자신을 위해서 시간을 거의 쓰지 못하게 된다. 부부 둘 다 아이를 위해서 라이프스타일을 바꾼다. 그래서 어느 순간 "나는 없는 것인가!"와 같은 생각이 들며 우울해진다. 아이의 예방접종을 시기에 맞게 해줘야 하고, 갑작스러운 증상 때문에 소아과나 응급실에 가야 한다. 결혼을 하지 않았다면 절대 벌어지지 않을 일들이다. 너무 바쁠 때에는 아이를 부모님께 맡겨야 할 때도 있다. 내 시간을 갖으려면 누군가의 시간은 빼앗아야 한다. 그래서 육아는 부부 두 사람이 함께 도와야 한다. 독박육아를 하게 되는 이유는 한 사람의 무책임 때문이다. 이전처럼 친구를 만나거나 술을 마시는 시간이 없어지기에 예전의 삶이 그리워진다. 자신만을 위한 시간을 갖을 수 없기 때문이다. 아이를 다 키운 사람이 부러워진다. 결혼을 하기 전에 이런 일이 있을 거라는 것을 예상하자. 그리고 결혼을 할 때 배우자가 자신과 아이를 위해서 시간을 기꺼이 헌신할 수 있는 사람인지 아닌지 확인을 해봐야 한다. 그렇지 않으면 독박육아의 주인공이 될 수 있다. 둘이 함께 육아를 도와야 아주 조금이라도 자신만의 시간을 갖을 수 있다. 그렇지 않으면 극단적인 결과까지 갈 수 있다. 그것은 우울증 또는 이혼이다. 그러니 심각하게 받아들이고 조율하자.

스트레스

그동안은 자기 마음대로 자신의 삶을 살았다. 물론 부모의 간섭과 강요가 있었다고 할 수도 있지만 결혼 후부터는 더 큰 스트레스가 예비되어 있다. 일단 배우자의 지적이 늘어난다. 서로 다른 성격의 사람, 서로 다른 삶의 습관을 갖고 있는 사람이 만났으니 지적할 것이 한두 가지겠는가. 아침 기상 시간, 음식의 맛, 옷 입는 스타일, 빨래를 처리하는 방식, 쇼핑하는 목적, 주변 사람들과의 관계 맺음 등 다른 것이 너무나 많다. 결혼 후에는 혼자 결정하면 안 된다. 함께 움직이고 함께 이동해야 하기 때문에 곳곳에서 갈등이 생긴다. 누구는 참는 스타일이고 누구는 바로 지적하는 스타일일 수도 있다. 그런 것들이 쌓여서 어느 한 순간에 폭발하게 되고 그것이 칼로 물베기라고 하는 부부싸움인 것이다. 하지만 왜 칼로 물베기인가? 많은 사람들이 이것으로 이혼을 하는데 말이 되지 않는다.

앞에서 말한 아이의 효과를 다시 언급하려고 한다. 아이가 생기게 되면 아이의 행동으로 인해서 더 큰 스트레스가 온다. 아이의 기쁨 효과도 크지만 상대적으로 역효과도 크다. 밤마다 울어서 잠을 잘 수가 없고 잘 입은 옷에다 토를 할 때도 많다. 음식을 먹을 때 바닥 여기저기에 흘리면서 먹고 하루에 몇 번씩 똥을 싼다. 이 모든 것을 부모가 처리해야 한다. 어르신들은 "금새 지나가. 다 그러면서 키우는 거야."라고 하지만 그 당시에는 너무나 힘들다. 아이의 잠 투정으로 인한 스트레스를 받지 않으려고 다른 방에 아이 혼자 내버려두고 잠을 자는 부모도 있다. 나중에 아이에게 큰 일이 일어났다는 기사가 뉴스에 종종 나온다. 책임감과 인내심이 부족한 사람일지라도 이때만큼은 최대한 끌어내서 사용할 수 있어야 한다. 인생 최대의 스트레스가 올거라는 것을 받아들이고 대비해야 한다. 빗겨나려고 노력하면 할수록 큰 일이 벌어진다.

'함께'라는 단어가 가진 양면성을 잘 인식해야 한다. 좋아하는 사람이 옆에 평생 있다는 것은 좋은 '내 편'이 항상 옆에 있다는 것이다. 그는 '방어막'이 되어 위험으로부터 나를 보호해준다. 그런데 항상 '편'과 '방어막'이 필요할까? 나 아닌 다른 사람과 한 침대에서 얼굴을 맞대고 매일 잔다는 게 쉬운 일일까? 수면 시간, 잠버릇도 제각각이다. 혼자 살았을 때를 기억하게 되는 이유가 바로 '함께'의 단점 때문이다. 게다가 '내가 먹고 싶은 대로', '내가 치우고 싶은 대로', '내가 놓고 싶은 대로', '내 마음대로' 할 수 있는 것이 줄어든다. 상의해야 하고 눈치를 봐야 한다. 결혼을 '구속'이라고 하는 이유는 바로 이런 개인적인 면이 줄어들기 때문이다.

가정경제

혼자 살 때에는 자신 혼자만 책임지면 된다. 그리 큰 돈이 들지 않는다. 때로는 부모님 댁에 가서 밥을 먹고 잠을 잘 수도 있다. 하지만 결혼 후에는 그동안 부모님을 통해서 받았던 경제적 부담을 자신이 져야 한다. 집세, 식비, 전기세, 가스비, 통신비, 교통비 등 들어가는 돈이 이렇게 많아진다는 것을 처음으로 제대로 알게 된다. 이런 점들이 갑작스럽게 닥치게 되니 그 충격은 매우 크게 다가온다. 가장은 배우자와 자녀의 비용까지 책임을 져야 하기에 그 부담은 몇 배로 크게 다가온다. 결혼 전에 "뭘 해서든 못먹고 살겠어? 열심히 하면 되지뭐."라고 생각했겠지만 그것은 자신만을 생각한 경제였을 것이다. 자녀가 학교에 들어가게 되면 학원비가 또 늘어난다. 더 나은 학군을 위해서 이사도 감행하게 되는데 그동안 모은 돈이 짧은 순간에 사라지는 느낌

Photo by Kelly Sikkema on Unsplash

결혼 고민

이 무엇인지 알게 될 것이다. 그래서 어쩔 수 없이 맞벌이를 하게 되는데 그렇다고 크게 형편이 나아지는 것 같지도 않다.

한다면 누구를 선택할 것인가?

잘 모르는 선택 기준

결혼을 하기로 마음 먹었다고 해보자. 누구와 결혼을 할 것인가? 주변 친구들 중에서 한 명을 선택할 것인가, 아니면 새로운 사람을 만날 것인가?

내가 결혼 상대로 원하는 사람은 어떤 사람인가? 잘 생긴 사람인가? 돈이 많은 사람인가? 얼굴이 이쁜 사람인가? 마음이 이쁜 사람인가? 크게 고민해보지 않았을 것이다. 처음 해보는 결혼이기에 어떤 사람을 만나야 하는지 잘 알지 못한다. 이제 생각해봐야 하지만 이성적인 판단보다는 감정적인 판단이 앞선다. 멀리 내다보는 것이 아닌 눈 앞의 것만 보게 된다. 그래서 배우자 선택을 할 때 올바른 판단을 하지 못하게 된다. 주변 기혼자에게 물어봐라. "자신이 정말로 원하는 사람을 만났나요?" 그렇다고 답하는 사람은 거의 없을 것이다. 내가 원하는 사람이 누구인지 모르고, 괜찮은 사람이 어떤 사람인지 그 기준이 없는데 어떻게 완벽한 사람을 만났다고 할 수 있는가. 〈2 새로운 사람과의 만남 - 이런 사람을 만나야 한다〉에서 이 부분을 자세히 설명해놓았다.

콩깍지와 이혼

결혼을 하기로 마음먹은 그 시점에 만난 사람 중에서 순간 콩깍지가 씌워져 본 사람과 결혼하게 된다. 하지만 결혼 후에 그 콩깍지는 벗겨지게 된다. 호르몬의 영향이든 감정적인 변화든 간에 그 마음이 바뀌는 것은 어쩔 수 없는 인류의 진실이다. 그래서 많은 사람을 만나보는 것이 중요하다고 하는 것도 좋은 조언이다. 이성과 사귀어보지 않은 사람은 콩깍지의 마술에 100% 걸려들게 된다. 물건을 고를 때에도 많이 살펴보고 비교해보는데 배우자는 그 이상의 신중함이 필요하다. 물건이야 안 쓰거나 버리면 되지만 사람은 그렇게 할 수 없다. 결혼식을 통해서 주변 지인에게 다 소개를 했는데 버린다는 소식을 다시 전하기가 여간 불편한 일이 아닐 수 없다. 특히 결혼한 사람의 부모는 축의금을 받으며 자녀의 결혼 소식을 전했는데 이혼이라도 하게 된다면 자신의 책임도 느끼게 된다. 하지만 처음부터 어떤 사람이 좋은 사람인지, 그리고 나와 잘 맞는 사람인지 그것을 알아보기가 너무 어렵다. 그래서 이혼이라는 결론이 날 수도 있다. 지금은 부모가 살던 시대처럼 이혼이 부끄러운 것이 아니다. 잘 맞지 않는 관계라면 빨리 이혼을 하고 행복한 삶을 사는 것이 더 현명할 수 있다. 그래서 〈4 결혼 공부 - 이혼〉에서 이혼하는 방법도 설명을 한다. 빨리 이혼을 하는 것이 필요하다면 서두르자. 부끄러워 하거나 치욕으로 여기지 말자. 어차피 그 삶을 사는 것은 여러분 당사자다. 자신의 삶을 더 멋지게 만들기 위해서 이혼이 필요하다면 과감하게 그 절차를 밟자. 자녀가 있다면 더 빨리 서두를 필요가 있다. 오히려 자녀가 "빨리 이혼해. 우리도 그것을 원해. 행복하게 살자."라고 말을 꺼내기도 한다. 자녀의 행복을 부모가 막을 이유는 없다. 이혼이 필요할 때 3장의 이혼을 꼭 참고하기 바란다.

나는 어떤 사람인가?

내가 누구를 만날지 고민한다면 상대도 동일한 고민을 한다. 누군가 상대도 나를 선택할텐데 나는 과연 괜찮은 사람일까? 모두 타인 판단만 하는 대화를 한다. "나 이번에 A를 만나는데 그 사람 조건이 ~~ 해. 썩 마음에 들지는 않는데 한 번 만나보려고." 라는 말을 한다. 그런데 과연 나는 어떤 사람인가? 다른 사람이 좋아할만한 괜찮은 사람인가? 돈 많은 사람을 만나서 편하게 살고자 하는 사람이라면 상대는 당신의 이런 가치관을 좋아할까? 결국 내 돈을 보고 결혼하자는 사람인데 좋아할리가 없다. 결혼을 하기로 마음을 먹었고 결혼 상대를 찾는다면 자신의 모습도 생각해보기 바란다. 부족한 것이 한두 가지가 아닐 것이다. '결혼하면 난 다 잘 하겠지'라고 스스로 낙관적으로 생각해서는 안 된다. 그런 생각으로 실패하는 사람이 한두 명이 아니다.

안 한다면 뭐가 문제인가?

이 책은 결혼을 꼭 하라고 설득하는 내용을 담은 것이 아니다.

잘 판단할 수 있도록 다양한 내용을 알려주는 것이다. 만약 당신이 결혼을 하지 않기로 마음을 먹었다면 이후에 어떤 문제가 일어날 수 있는지 그것을 알려주고 싶다. 결혼을 하지 않을거라면 이러한 문제들이 발생할 수 있으니 대비를 하자는 의미에서 알려주는 것이다.

불효자

〈1 결혼 고민 - 장단점 - 질문과 답변에 대한 불편〉에서도 말한 것처럼 주변으로부터 질문이 계속 이어진다. "결혼은 했니?", "만나는 사람은 있니?"와 같은 질문들이다. 적정한 때를 놓친 사람이라는 주변의 평가가 계속 이어진다. 한국 사람들은 자신의 삶도 아닌데 왜 그렇게 관심이 많은지 다른 사람의 결혼 계획에 쉽게 간섭을 한다. 그리고 결혼 코칭을 해준다. 자신도 결혼에 대해서 전문가가 아닌데 말이다. 단지 나보다 먼저 결혼한 사람일 뿐, 왜 그렇게 자신보다 못한 사람으로 판단하고 개입을 하려고 하는지 이해할 수 없다. 사실 이런식의 질문은 결혼을 한 사람에게도 이어진다. "아이는 있어?", "그래도 아이는 있어야 해.", "나이 더 먹기 전에 아이 빨리 낳아야 해."와 같은 질문을 한다. 아이 한 명만 있는 사람에게는 "둘째는 언제 갖을거야?", "첫째가 외롭지 않게 둘째도 갖아야 해."와 같은 질문이 또 이어진다. 명절 때에는 이런 질문이 폭발한다. 상대에 대한 관심의 표현이라고 하더라도 불편한 관심이다. 차라리 관심을 갖지 말라고 말하고 싶은데 그렇게 말하면 버릇 없다고 할까봐 말도 못하고 그냥 회피하게 된다.

기존 어른들의 가치관이 바뀌지 않는 이상 결혼을 하지 않은 자녀는 불효자라는 딱지를 떼지 못한다. 결혼을 못한 불효자, 아이를 낳지 않은 불효자가 된다.

결혼을 안 해서 그래!

힘든 일을 잘 버티지 못하는 남자에게 보통 이런 질문을 한다. "군대는 다녀왔어?" 만약 다녀오지 않았다면 "그래서 그렇네. 역시 군대를 다녀오지 않은 사람들은 이렇다니까!"라고 평을 한다. 이와 유사한 결혼에 대한 평가도 있다. 어떤 특정 상황을 잘 이해하지 못하면 "저 사람 결혼 안 했지? 너무 이해를 못하네."라고 말을 한다. 실제로 결혼을 하지 않았다면 "역시 결혼을 안 하면 저렇다니까. 어른이 아니야. 때가 되면 결혼을 해야 한다고."라는 말이 따라 붙는다. 사실 결혼을 한 사람 중에도 어떤 상황에 대해서 이해를 잘 못하는 사람은 많다. 결혼을 하지 않으면 특정한 점에 대해서 능력이 부족하다는 평가를 할 때 미혼이 자주 그 원인으로 결정된다는 것을 알아야 한다. 억울하지만 어쩔 수 없는 현실이다.

보완자와 원수

배우자는 남과 다르다. 나를 자신처럼 챙겨줄 수 있는 사람이다. 그래서 인생에서 위기가 오거나 힘든 상황이 펼쳐졌을 때 진심으로 도와줄 수 있는 배우자는 큰 보험과도 같다고 할 수 있다. 그런 점에서 모든 것을 내어줄 수 있는 관계가 될 배우자를 만나는 것은 너무나 중요하다. 반대로 이용만 하려고 하는 배우자도 있다. 보험 사기를 하기 위해서 배우자를 죽이는 기사도 종종 뉴스에서 보게 된다. 이런 극단적인 반대의 경우도 있지만 매우 드문 사례다. 서로 존중하는 관계라면 상대에게 큰 위기가 닥쳐올 때 모든 것을 제쳐두고 도와줄 수 있다. 부부는 부모 외에 인건비를 따지지 않고 서로 도울 수 있는 유일한 관계다.

서로 폐를 끼치지 않으면 이런 도움이 필요하지 않다고 할 수도 있지만 사람 일이란게 어떨지 그 누구도 알지 못한다. 의도치 않게 벌어지는 위기에서 배우자는 매우 중요한 동반자다. 배우자 중에서 일을 만드는 사람이 있다. 모험을 좋아해서 여러가지 사업을 벌이고 사건을 만든다. 이때 그 배우자는 도움을 주는 동반자라는 이유로 여러 힘든 상황을 함께 짊어져야 한다. 배우자가 무조건 다 함께 나눠야 하는 것은 아니다. 모든 위기의 짐을 배우자가 처리해야 할 이유는 없다. 불가피하게 벌어지는 사건을 도와주는 것이지 모든 사건을 도와줄 의무는 없다. 너무나 많은 위기를 만드는 배우자라면 이혼 요구를 할 수 있다. 내가 편하려고 배우자를 고생시키는 결혼은 잘못된 선택이다. 하지만 서로 조금씩 도우면서 더 멋진 인생을 만들게 된다면 결혼은 매우 훌륭한 만남이 된다. 혼자 할 수 없는 일을 둘이 조금씩만 도와준다면 거뜬히 해낼 수 있게 된다. 그런 점에서 육아도 서로 도와야 할 일이고 가정을 이끌어 가는 것도 그렇다. 한 사람이 돕지 않으면 너무나 벅찬 일들의 연속이 아닐 수 없다. 그런 점에서 서로 다른 재능을 갖고 있는 사람이 만나면 좋은 효과를 볼 수 있다. 동반자이자 보완자가 되는 것이다. 보완을 해주면 해결하지 못했던 문제가 쉽게 풀어진다. 서로의 삶의 만족도도 커지게 된다. 하지만 모든 사람들이 이렇게만 생각하지는 않을 것이다. 동반자라는 것은 인정하지만 보완자라는 것에 의문을 갖는다. '왠수' 원수의 충북 방언 라는 생각이 들 때가 많기 때문이다. 원수라고 표현을 한 것을 보면 배우자는 삶에 걸림돌이 되는 존재이기도 하다. 여러가지 문제를 일으켜서 대신 처리해야 하고 그로 인해서 삶의 만족도는 너무나 낮아진다. 차라리 결혼을 하지 않았더라면 삶에 원수는 없었을 것이다. 좋은 배우자를 만나기도 힘들고, 만났더라도 원수를 만난다면 차라리 결혼을 하지 않는 것이 더 나을 것 같다. 이런 점에서 보면 결혼은 문제를 만드는 것이다.

결혼을 하려는 목적은 무엇인가?

출산을 할 나이

결혼을 하는 이유는 반드시 있어야 한다. 때가 되어 결혼을 하는 것도 큰 이유이지만 그것만으로 결혼을 서두르게 되지는 않는다. 사람들이 어느 시점이 되었을때 왜 결혼을 서두를지 한 번 생각해봐야 한다. 그 이유 중 하나는 아이를 낳아야 하기 때문이다. 아이를 안전하게 낳을 수 있는 나이대가 있다. 노산으로 출산을 하게 되면 체력적으로 여러가지 문제가 생긴다. 그래서 출산을 잘 할 수 있는 나이대에 결혼을 하는 것은 중요한 이유가 된다. 수명이 짧은 국가일수록 결혼하는 나이대가 어리게 된다. 왜냐하면 결혼을 하고 출산을 한 다음 아이가 어느 정도 클 때까지는 살아있어야 하기 때문이다. 수명이 짧으니 더 일찍 출산을 해야 하고 결혼은 더 일찍 서두르게 된다.

신분의 변화
한국은 수명으로 결혼 시점을 결정하는 국가는 아니다. 결혼은 전통적으로 신분의 개선을 위한 방법이 되었다. 특히 여자에게 자신보다 더 좋은 집안으로 들어가는 것은 중요한 결정 요소가 되었다. 두 여자의 결혼 전과 결혼 후의 삶을 비교하는 드라마가 종종 방영된다. 드라마 내용 중 갈등의 원인으로 결혼에 따라 여자의 상황이 바뀌는 신분 변화가 이유로 나온다. 예전에 비해서 지금은 그런 신분 세탁의 분위기는 별로 없지만 여전히 존재하기는 한다. 이런 신분의 변화는 이상한 것이 아니라 당연한 결과라고 할 수 있다. 결혼 상대의 조건을 따지는 것도 이런 목적이 담겨있는 행동이라고 할 수 있다. 결혼 정보회사에서 남녀 고객들의 요구는 너무나 현격히 다르다. 남자는 이쁜 여자를 좋아한다면 여자는 능력있는 남자를 좋아한다. 남자의 능력으로 더 좋은 신분이 되고 싶은 여자들의 욕구가 나타난다. 남자는 이쁜 여자를 좋아한다고 하니 여자의 집안을 따지는 남자는 상대적으로 적은 편이다. 그래서 남자는 경제력을 잘 보여줘야 하고 여자는 외모를 잘 보여줘야 결혼에 성공할 가능성이 크다.

결혼에 대한 욕구

단순히 결혼에 대한 욕구 때문에 결혼을 하기도 한다. 이들에게 결혼은 당연히 하는 것인데 그동안 나이가 어려서 할 수 없었을 뿐이다. 드디어 결혼을 할 수 있는 최소 나이가 지났기 때문에 결혼을 한다. 특별한 이유는 아니지만 이런 사람들이 대다수일 것이다. 마침 그때 좋아해서 만나는 사람이 있다면 그 사람과 결혼을 하게 된다. 결혼을 하면 무슨 일이 벌어지는지 알지 못한다. 그 생각을 하지 않았다. 특별한 목적이 없었기 때문에 누군가가 "그 사람과 결혼을 하는 이유가 있어요?"라고 물어보면 할 말이 없다. 그런 점에서 볼 때 결혼 상대는 대부분 결혼을 할 시점에 만나고 있는 사람과 하게 된다. 그 사람이 인생 최고의 인연이라는 근거는 없다. 더 좋은 사람을 어렸을 때 만났을 수도 있고 결혼 후에도 만날 수 있다. 그런 점에서 결혼은 매우 큰 도박이다. 도박치고 너무나 크게 책임을 져야 한다. 결혼을 하려는 목적이 합리적이지 않을 수 있다. 더 중요한 것은 결혼상대로 만난 사람과 어떻게 앞으로 잘 지낼 것이냐 하는 점이다. 결혼을 성공적으로 하는 점을 알려주는 사람은 거의 없다. 하지만 결혼 후에 어떻게 서로 맞춰서 살아야 하는지를 말해주는 사람은 많다. 대부분의 사람들이 그냥 결혼을 했기 때문이다. 목적을 너무 찾지 말자. 비즈니스가 아니기 때문에 목적을 갖고 만나지 않는다.

전략적인 목적

전략적 결혼은 예외가 된다. 국가의 생존, 기업의 생존, 개인의 생존을 위해서 결혼을 시키는 경우가 있다. 이때에는 목적이 뚜렷하다. 가락국의 초대왕인 수로왕의 부인 허황후는 인도에서 왔다는 설이 있다. 수로왕과 허황후 사이에 연애가 있었을까? 전략적인 목적이 있었기에 가능한 결혼이다. 하지만 개인 간의 결혼에 이런 이유는 전혀 없을 것이다.

감정적으로 결혼하고 싶은 욕구가 커질 때 마침 만나고 있는 사람과 결혼을 할 뿐이다. 이때 신중한 사람과 성급한 사람 중 누가 먼저 결혼을 할까? 당연히 성급한 사람이다. 그리고 이후에 성급한 사람들이 신중한 사람들에게 결혼에 대한 불편한 질문을 한다. 먼저 결혼했다는 이유 외에는 없다. 대단한 인생 선배처럼 상대를 낮춰보면서 조언을 해준다. 그 말은 성급하지 못한 신중함을 비판하는 말들이다.

축복

결혼을 하려는 사람들은 결혼식을 통해서 복을 받고자 "우리 몇월 며칠에 결혼식해. 와서 축복해줘."라는 말을 한다. 하지만 그 복은 지인들이 주는 것이 아니라 당사자인 두 사람이 서로 줘야 한다. 한국에서는 오래전부터 오복五福이라는 개념을 기억하고 있다. 이 오복은 서경의 홍범편에 나오는 내용으로 수 장수· 부 부유· 강녕 건강· 유호덕 덕을 좋아함· 고종명 죽음을 깨끗이 함 의 5가지가 있다. 홍범편과 달리 통속편通俗編에는 수·부·귀貴·강녕·자손중다 子孫衆多로 되어있다. 일반 서민 입장에서는 귀해지는 것과 자손이 많아지는 것이 훨씬 더 중요했음을 알 수 있다. 여기에서 말하는 '귀'가 결혼과 관련이 있음을 알 수 있다. 이 귀를 영어로 하면 noble에 가까울 것 같다. 귀에 대한 정의는 사람마다 다를 수 있다. 자신이 고귀해짐을 무엇으로 달성할 것인가? 이때 좋은 평가를 받는 고귀함을 선택하는 사람이 있고 비판을 받게 되는 고귀함을 선택하는 사람이 있을 것이다. 후자를 선택한 사람의 경우 높은 위치에 올라가 갑질을 하는 사람도 있다. 스스로는 귀라고 여기겠지만 대다수의 국민들은 절대로 귀라고 여기지 않는다. 결혼을 하는 목적이 귀를 얻는 것이라고 볼 때 좋은 귀가 될 수 있는 배우자를 만나는 것은 매우 중요하다. 결국 오복 중 하나인 귀는 여러분의 선택에 달려있지 결혼식장에서 "축하해."라고 외치는 목소리의 음파로는 절대로 이루어지지 않는다.

결혼을 못하는 사람들

앞에서 결혼을 못하는 사람들은 성급하지 못하고 신중하기 때문이라는 설명을 했다. 그 외에도 이유는 많다. 다양한 이유를 살펴보자.

결정권이 부모에게 있는 사람

"마음에 드는 사람이 없어요?"라고 물어보면 "있는데요. 부모님이 마음이 들지 않는데요."라고 답을 한다. "그래도 좋아하는 사람인데 강하게 밀고 나가보세요."라고 물어보면 "그럴 수는 없어요. 부모님이 실망하시니까요."와 같이 답변을 한다. 결혼 상대를 선택할 때 자신에게 주도권이 없는 사람이다. 부모가 어찌 자녀의 선택을 다 만족스러워하겠는가. 부모를 끝까지 설득시키거나 속도위반을 해서라도 결혼을 하는 사람이 있는 반면에 이 사람들은 이런 노력을 하지 않는다. 자신의 결혼이고 자신이 데리고 살 사람을 결정하는 건데 부모의 의견에 가장 큰 비중을 둔다. 이런 경우 만약 결혼하게 되더라도 이후의 삶에 많은 문제가 생길 수 있다. 결혼한 부부 당사자가 직접 자신들의 삶을 결정해 나가야 하는데 매번 부모의 의견을 듣게 되니 스스로 할 수 있는 것이 없게 된다.

결혼 고민

사람 자체를 만나기 힘들어하는 사람

항상 집에서 혼자 지내는 사람이 있다. 혼자가 편하다. 친구를 사귀지도 않는다. 그래서 만날 사람도 없다. 이성과 결혼을 하려면 외부 활동을 많이 해야 하는데 집에만 있으니 마음에 드는 상대를 만날 가능성도 낮다. 만약 마음에 드는 사람이 생기더라도 그 사람과 만나서 데이트를 하는 것도 큰 부담으로 생각한다. 만남을 회피할 때도 많고 만나더라도 활발하지 않은 모습으로 인해서 상대도 매력을 느끼지 못하게 된다. 친구가 적더라도 어느 정도 만남을 의무적으로 갖는 것은 중요하다. 그런 만남도 없이 진짜 혼자만 지내는 사람은 결혼하기 힘들다.

너무 따지는 사람

흔히 눈이 높은 사람들이다. 결혼을 하는 목적이 남다른 사람들이다. 재산은 어느 정도 되어야 하고, 인물도 어느 정도 되어야 하며, 집은 어떻고, 특정 능력은 어떤지 뚜렷하게 요구하는 사람들이다. 어느 정도 높은 기준이 있다보니 그런 사람을 만나는 것은 어려워질 수밖에 없다. 이런 사람들은 어떻게 그와 같은 기준을 갖게 되었을까? 어떻게 보면 이기적이라고도 할 수 있다. 서로 맞춰서 사는 것보다는 처음부터 좋은 조건의 사람을 만나겠다는 것이다. 이기적이라고 했지만 다른 면으로 보면 현명하기도 하다. 더 발전된 미래를 위해서 그런 기준을 갖았다고도 할 수 있다. 이때 문제가 되는 것은 자신의 처지를 생각하지 못하고 과도하게 상대의 조건만 따진다는 것이다. 서로 주고 받는 만남인데 받고자 하는 마음이 더 강하다. 이때 결혼은 한 번의 속임수가 되기도 한다. 무슨 수를 써서라도 결혼만 하면 된다고 생각하고 상대에게 어느 정도 거짓으로 자신을 소개한다. 원하는 조건의 사람과 결혼하려면 자신도 어느 정도 자신의 조건을 만들어야 하는데 실상은 그렇지 않다. 어쩔 수 없이 속일 수밖에 없다. 실제로 이런 속임에 속아 상대를 제대로 알지 못하고 결혼하는 사람들이 많다. 속는 사람은 "이 사람처럼 날 사랑하는 사람은 없을 것 같아요."와 같은 말을 하고 결혼을 한다. 상대를 속이는 사람이 그 누구보다 사랑하는 척하는 모습을 보여주는 것이 뭐가 어려운가. 사기꾼과 결혼하는 사람 모두가 자신의 배우자가 사기꾼인 것을 결혼 후에 서서히 알게 된다. 처음에는 알지 못한다. 서서히 집으로 알 수 없는 고지서가 날라오고 채무자들이 찾아온다. 제대로 알아보지 않고 속임수를 쓴 사기꾼의 콩깍지에 넘어가 결혼을 한 것이다. 마치 아무것도 알아보지 않고 결혼하는 것이 미덕인 것처럼 생각하는데 후회해봤자 이미 늦었다. 결혼은 모르는 사람과 영원한 만남을 하기 위한 만남이다. 그래서 상대를 더 세심하게 조사할 필요하다. 주민등록등본, 초본도 떼서 봐야 한다. 실제 이름과 나이가 맞는지도 확인해보자. 건강검진을 한 결과도 살펴봐야 하고, 경찰서에 가서 성범죄 조회도 해봐야 한다. 상대가 피한다면 분명 문제가 있다는 것이다. 너무 따지면 눈이 높아 결혼을 잘 못한다고 하지만 반드시 따져야 할 것도 있다. 따질 것은 안 따지고 속이기 쉬운 조건만 따지는 우를 범하지 말자.

결혼 고민

게으른 사람

결혼을 하는 것도 누군가를 만나는 것이고 경쟁자들을 물리쳐 자신이 선택되어야 하는 것이다. 게으른 사람은 원하는 배우자를 만날 확률이 낮다. 상대에게 잘 보이기 위해서 아침 일찍 일어나 뭔가를 만들 필요도 있고, 늦게까지 집 앞에서 기다려야 할 수도 있다. 우연 만남을 가장하고 연기도 해야 하며, 밀당을 길게 이어나가야 할 수도 있다. 이런 일을 해야 한다고 생각하니 에너지를 많이 쏟아야 하는 일이라 피곤하다고 느껴진다. 상대는 기계가 아닌 사람이기에 계획대로 반응을 보이지 않는다. 그래서 그때마다 계획을 바꿔야 하며 평소에 쓰지 않았던 성격도 끌어다 써야 한다. 즉 게으른 사람도 부지런해야 한다는 말이다. 하지만 원래 부지런한 사람은 이런 상황에서 훨씬 경쟁력 있게 행동을 할 수 있다. 게으른 사람은 한두 번 해보고 피곤하다고 판단하고 이후에는 동일한 노력 자체를 포기할 가능성이 크다. 만약 게으른 사람이 노력을 해서 결혼에 성공했다고 하자. 문제는 그 후에 생긴다. 목적을 달성했으니 다시 자신의 모습으로 돌아간다. 결혼 후에는 상대에게 매우 큰 실망감을 줄 가능성이 크다. 이렇게 게으른 사람일줄 몰랐는데 그때부터는 현실로 다가온다. 어디 이동할 때마다 늦고, 어떤 결정을 할 때마다 우유부단하니 상대는 답답함을 쌓아 두게 된다. 그때가서 "원래 이런 성격인지 몰랐어!"라고 말을 하겠지만 이미 늦었다. 결혼 전에 상대의 성격, 그 중에서도 게으름을 파악하는 것은 쉽지 않다. 요즘은 배우자의 게으름으로 이혼을 하는 사례가 증가하고 있다. 성격 차이라고 하지만 더 자세히 들여다보면 게으름일 가능성도 크다. 왜냐하면 앞으로 함께 살아갈 날이 많은데 이런 게으름으로 미래를 망치고 싶지 않기 때문이다. 처음부터 결혼을 못하거나 하더라도 이혼을 하게 되는 이유에 게으름이 크게 한몫한다는 것을 고려하자. 자신이 게으르다면 더욱 주의해야 한다. 결혼을 해치워야 하는 정도로 여겼다가는 이혼으로 이어질 가능성이 크다.

매력이 없는 사람
결혼은 어느 한 사람과 다른 사람과의 만남이다. 물건을 살 때에 그 물건에 어떤 매력을 강하게 느낄 때에는 가격이 아무리 비싸더라도 구입을 하게 된다. 아이폰과 아이패드가 처음 출시되었을 때의 상황을 보면 이해가 될 것이다. 많은 사람들이 매장 오픈 전에 기다려 구입 대상자가 되려고 노력한다. 사람과의 만남도 동일하다. 상대에게 어떠한 매력을 느껴야 계속 만나고 싶다는 마음이 생긴다. 이 매력의 조건은 너무나 다양하다. 사람마다 끌리면 기준이 다르기 때문이다. 외모, 가치관, 관심사, 옷 입는 스타일, 사람의 냄새, 직업, 목소리, 미소, 재산, 전공 등 사람마다 끌리는 우선순위가 다를 것이다. 나의 매력요소는 무엇인가? 사람들이 나에게 매력을 느낄 수 있는 강점이 있는지 생각해보자. 없다면 결혼 성공률은 낮아질 것이다. 반대로 여러 가지 매력요소를 갖춘 사람들도 있다. 이런 사람들은 여러 상대 중에서 선택할 수 있다. 하지만 반대로 매력적인 면을 별로 갖고 있지 않은 사람들은 상대의 선택을 기다릴 수밖에 없다. 앞에서 이야기한 게으름도 매력이 없는 사람으로 보이게 만드는 특징 중 하나다. 부지런한 사람들은 뭔가 성취한 것이 있을테고 그것이 그 사람을 브랜딩해준다. 그래서 퍼스널브랜딩을 컨설팅 해주는 사람들도 있다. 다 매력요소를 만들어주는 것이라고 보면 된다.

이런 매력요소 준비의 중요성을 무시하는 사람들이 있다. 그것들은 다 꾸며진 것이며 진실되지 않은 것으로 생각한다. 그러면서 진실된 자신의 모습을 보여주는데 아무런 끌림을 만들지 못한다. 이 사람들은 큰 오해를 하고 있다. 부지런한 것도 꾸며진 것으로 생각한다. 깊은 지식을 갖고 있는 것도 진실이 아니라고 생각한다. 하지만 그 모두는 매력을 만들지 않은 사람들의 핑계일 뿐이다. 자신의 상황에 대해 합리화를 시키기 위한 변명일 뿐이다.

2

새로운 사람과의 만남

이런 사람을 만나야 한다 사람의 이해도가 높은 사람 | 사람을 대하는 모습으로 판단하라 | 만들어진 사람이 아닌 만들어질 사람을 찾아라 | 성격이 비슷한 사람 | 매뉴얼을 지키는 사람 | 웨딩보다 이후의 삶에 더 중요성을 두는 사람 | 스스로 결정할 수 있는 사람

이런 사람은 만나면 안 된다 부모로부터 독립이 안 된 사람 | 잘못된 결혼관을 갖고 있는 사람 | 에니어그램에서 말하는 '불건강한 범위의 사람' | 교류분석에서 말하는 심리게이머 | 그래도 만나는 이유는 당신 때문이다

결혼 긍정의 배신 원하는 사람을 만나지 못한다 | 달콤한 로맨스의 거품 | 자존감 약한 사람들의 자랑질 | 결혼 전과 후의 사람의 변화 | 사랑으로 다 된다는 생각

만나기 위한 방법 자연스러운 만남 | 소개받기

이런 사람을 만나야 한다

사람의 이해도가 높은 사람

이성을 많이 만나본 사람을 만나야 한다고 주장하는 사람들이 있다. 충분히 일리가 있는 말이다. 많이 사귀어 보았다는 것을 이상하게 볼 것은 아니다. 결혼은 서로 다른 사람과의 만남이기 때문에 자신과 다른 사람에 대한 이해도가 높아야 행복한 관계를 유지할 수 있다고 말할 수 있다. 사람의 성격이란 매우 범위가 넓은데 자신의 기준으로 판단하기 때문에 오판을 하게 되는 상황이 너무나 많을 수밖에 없다. 그래서 자신이 이해할 수 있는 범위의 폭을 넓혀야 하는데 그런 기회를 쉽게 갖기는 어렵다. 생각보다 피곤하고 불편하기 때문이다. 사람에 대한 이해의 폭

이 넓은지 좁은지는 대화를 해봐야 하고 다양한 상황을 겪어봐야 알 수 있다. 혹자는 함께 고스톱을 쳐봐야 한다고 말하기도 한다. 점 100원을 칠 때 어떤 반응을 보이는지 알면 그 사람이 어떤 성격을 갖고 있는지 간접적으로 파악할 수 있다는 판단이다. 이처럼 여러가지 상황을 통해서 파악할 수 있는데 여러가지 방법 중에서 힘든 일을 겪을 때 어떤 모습을 보일지도 살펴봐야 한다.

다른 사람들을 평가할 때 제각각 다양한 가치관을 갖고 평가하기 때문에 '괜찮은 사람'이라는 조건은 사람마다 다를 수 있다. "난 이런 사람 정말 이해가 안 돼."와 같은 말을 자주 하는 사람들, 반대로 사람에 대한 이해가 많은 것처럼 "다 이유가 있겠지.", "나만 잘 하면 돼."라고 말하는 사람들도 있다. 이들 모두는 사람을 이해하고자 하는 것이 아니다. 오히려 회피하는 사람일 수 있다. 이런 사람들은 사람에 대한 이해는 그리 크지 않다. 이해가 높은 척하는 사람일 뿐이다.

다양한 사람들의 특징을 잘 아는 사람은 문제해결 능력이 뛰어나다. 사람들 간에 어떤 갈등이나 문제가 생겼을 때 그것을 해결해 나가는 능력이 뛰어나다. 지혜로운 사람은 학문에 대한 이해보다 사람에 대한 이해가 높은 사람이다. '말 한마디로 천냥 빚을 갚는다'는 말도 결국 사람에 대한 이해도가 높은 사람을 두고 하는 말이다. 잘 싸우는 것도 좋은 장수라고 할 수 있지만 최고의 장수는 싸우지 않고 이기는 것이라고 고전은 말한다. 그래서 사람에 대한 이해도가 높은 사람은 다양한 사람들을 만날 때 단순한 만남으로만 마치지 않는다. 어느 만남도 소홀하게 여기지 않고 의미있는 만남으로 만드는 사람들이다. 이런 사람을 만나면 결혼 후에 크게 성장할 수 있다. 사람에 대해서 배울 수 있는 교사가 배우자인 셈이다.

이런 사람에 대한 이해도 높은 사람을 '성품이 좋은 사람'이라고도 말할 수 있다. 성품이 좋다는 의미는 자신보다 배우자를 더 배려한다는 것이다. 성품의 사전적 의미를 찾아보니 '사람이나 사물이 지니고 있는 성질이나 됨됨이'라고 말한다. 세상에 나와 똑같은 사람은 단 한 사람도 없다. 한날 한시에 태어난 쌍둥이 마저도 그 형질과 모습에 미묘한 차이가 있지 않는가. 하물며 다른 부모에게서 태어난 두 사람이 똑같을 수 있겠는가. 성품이 좋으면 어떤 사람과도 잘 지낼 수 없다. 겉으로 보여주는 모습과 그 속 마음이 일치하는 사람들이다. 좋은 태도를 보인다 하더라도 그 마음이 올바르지 못하다면 성품이 좋다고 말할 수 없다. 타인에게 전혀 공감하지 못하면서 공감하는 척 하는 사람들은 매우 많다. 그런 교육도 있지 않은가. '척'하는 방법을 알려주는 교육 말이다.

사람을 대하는 모습으로 판단하라

1:1로 만나서 "당신은 어떤 사람이에요?"라고 물어본다면 그 사람은 좋은 내용을 주로 풀어놓을 것이다. 이런식으로 사람을 평가하면 안 된다. 왜냐하면 사기꾼만큼 자신을 잘 소개하는 사람은 없기 때문이다. 사기꾼과 결혼하는 사람을 주변에서 종종 보

게 된다. 여자쪽 집안의 재산을 보고 결혼한 사람이 있었다. 결혼 후에 그 사기꾼은 처가에 돈이 없음을 알게 되었다. 바로 이혼하자고 요구를 했다. 사기꾼은 더이상 결혼생활을 유지할 이유가 없었고 돈 때문에 결혼한거라고 솔직하게 말을 했다. 이유를 정확하게 말해야 이혼도 수월하게 이루어질거라고 판단한 것이다. 사기꾼임을 오픈한 것인데 여자는 왜 미리 이런 사람임을 알지 못했을까? 그것은 사기꾼인 남자의 말만 믿었기 때문이다. 그 사람 주변을 알아봐야 한다. 그리고 그들이 어떤 사람들인지, 그들에게 어떻게 대하는지도 살펴봐야 한다. 주변 지인들을 나에게 소개하지 못한다면 의심을 해볼만하다. 자신을 노출하지 않으려고 하는 사람이다. 자신보다 강자에게는 어떻게 하고 약자에게는 어떻게 대하는지도 반드시 확인하자. 어른들에게 어떤 식으로 하는지도 봐야 한다. 물론 사기꾼은 잘하는 척을 충분히 할 수 있는 사람이다. 하지만 최소한 확인은 해봐야 하지 않은가. 물론 대부분의 사람들은 사기꾼이 아닐 것이다. 너무 사기꾼 이야기만 한 것으로 보이겠지만, 소수의 사기꾼과 결혼하는 당사자가 되지 않기를 바라는 마음에 강조를 한 것이다.

그 다음 확인할 것이 성격이다. 다양한 성격 중 어떤 성격인지 확인하라는 것이 아니라, 문제가 되는 성격인지 아닌지를 확인하라는 것이다. 갑자기 욱하는 성격, 근거없는 의심을 하는 성격, 매 순간 집착하는 성격, 돈을 잘 갚지 않는 성격, 신뢰를 할 수 없는 성격 등 문제가 되는 사람들이 많다. 연애를 할 때 나한테는 그런 모습을 보이지 않을 것이다. 결혼 후에 "이런 사람인지 몰랐어."라고 해봤자 미리 검증해보지 못한 자신의 책임이다.

주변 친구들도 만나봤고 어른과 아이에게 어떻게 하는지도 살펴봤는데 아무런 문제가 없다면 일단 1차 합격으로 보자. 한 사람이 주변과 관계를 어떻게 맺고 대하는지는 그 사람의 부모의 영향이 크다고 할 수 있다. 그래서 상대의 부모님을 꼭 만나서 대화를 해봐야 한다. 당신이 아내가 될 사람이라면 예비 시아버지가 예비 시어머니에게 어떻게 대하는지 그 모습을 봐야한다. 왜냐하면 예비 시아버지의 모습은 남편이 될 사람의 모습일 수 있기 때문이다. 성장 과정을 통해서 자녀는 부모의 모습을 보고 자란다. 뇌 신경세포 중 '거울뉴런'은 부모의 모습을 기억회로에 저장한다. 남편이 될 사람은 반대로 예비 장모가 예비 장인어른에게 어떻게 하는지 봐야 한다. 부모의 부부생활은 무의식적으로 자녀의 생각에 기록되고 태도로 고스란히 나타나게 된다. 다음의 사례를 살펴보자.

나의 친정 부모님은 경상도 남자와 경상도 여자의 결합이다. 아버지는 전형적인 무뚝뚝함과 가부장적인 모습의 남자였다. 어머니는 그런 아버지에게 늘 순종하는 모습이었다. 어릴 시절에 종종 친구집에 놀러가서 친구 아버지를 본 적이 있는데 우리 아버지와는 좀 많이 다름을 느꼈다. 그당시 그것이 구체적으로 어떤 느낌인지는 몰랐는데 지금 생각해보면 아버지와 다른 친절한 모습이었다. 어느덧 난 성인이 되었고 지금의 남편을 만나 결혼을 했다. 남편은 여러가지 면에서 나의 아버지와 매우 달랐다. 오히려 어린시절 친구 아버지의 모습에 더 가까운 사람이었다. 남편은 언제나 친절했고 배려를 잘 했다. 예비 시부모께 인사를 드리러 찾아간 날 난 남편의 성품이 시아버님과 똑같다는 것을 알았다. 가정을 잘 돌보시고 시어머니를 챙기시는 아버님의 모습을 아들이 그대로 닮아 있는게 아닌가. 결혼 후 시부모님과 한 집에서 22년을 함께 생활했는데, 좋은 일과 궂은 일 모두 겪었지만 시부모님의 다정다감함은 변함없었다. '자녀는 부모의 거울이다'란 말이 그냥 생겨난 것이 아님을 살아가면서 몸소 느낄 수 있었다.

이런 사람을 만나야 한다

만들어진 사람이 아닌 만들어질 사람을 찾아라

완벽한 사람을 만나고 싶을 것이다. 하지만 그런 사람은 없다고 생각하자. 완벽하다고 생각되는 사람일지라도 분명 어딘가에 문제가 있다. 완벽한 사람이라는 존재는 이 세상에 없다고 생각하고, 완벽하고자 노력하는 사람을 만나자. 여기에서 말하는 '완벽'은 작은 실수도 그냥 넘기지 못하는 '완벽주의'를 말하는 것이 아니다. 배우자로서 이상적인 사람을 의미한다. 결혼한 후에도 서로 좋은 사람이 되고자 노력하고 실제로 발전해 나가야 한다. 1년 후 2년 후 다른 사람이 되어가니 그 가정은 더욱 발전해 나갈 수밖에 없다. 그렇다면 이런 '만들어질 수 있는 사람'은 어떤 사람인가? 좋은 가치관을 갖고 있어야 하며 배우는 것을 좋아하는 사람이다. 꾸준히 노력하며 책을 읽는 것을 즐기는 사람이다. 경험은 부족할지라도 경험 하나 하나에 의미를 부여하고 발전을 위한 계기로 삼는 사람이 주변에 있다. 꼭 찾아보자.

그렇다면 반대인 사람은 어떤 사람인가. 변화하는 것을 시도하지 않는 사람이다. 현재의 삶에서 어떤 노력을 더이상 하지 않으며 물리적으로도 집에만 있는 사람일 가능성이 크다. 결혼할 당시의 모습에서 어떤 변화도 없다. 사람의 성격이 쉽게 변하지 않는다고 하지만 살다보면 약간씩은 바꿔야 할 필요를 느낀다. 특히 성숙한 사람이 되고자 한다면 바꾸고자 노력해야 할 때가 분명 온다. 그때 노력하는 사람을 만나야 한다. 부모와 함께 하는 삶에서 벗어나 이제는 직접 모든 것을 다 해나가야 한다. 처리해야 할 것이 한두 가지가 아니다. 학교 과목이 하나 둘 늘어가는 것보다 더 많은 삶의 공부를 해야 한다. 그런 것들을 함께 잘 헤쳐 나가냐, 아니면 한 명이 힘들게 헤쳐 나가냐는 노력하는 사람인지 아닌지가 결정한다. 만약 둘 다 노력하지 않는다면 가정 생활은 더이상 지속할 수 없게 된다. 한 명만 노력한다면 고생은 분담되지 않는다. 가정 생활은 혼자 헤쳐 나가기 힘들 때가 많아서 함께 노력해야만 유지가 가능하다. 육아도 엄마 혼자 감당하기 힘들기 때문에 아빠가 도와줘야 한다고 하지 않던가. "육아는 여자 혼자 하는거야."라고 말하는 사람이 있다면 옛날 사람이라고만 말할 것이 아니다. 매우 이기적인 사람이다. 함께 노력하고 싶은 마음이 없는 사람이다.

만들어가는 것이 중요한 이유가 또 있다. 서로 다른 삶을 살았던 사람이 만났기 때문에 서로 이해를 하지 못하는 부분이 많은 것은 당연하다. 옷을 벗어 자리에 두는 방식, 빨래를 하고 그 빨래를 처리하는 방식, 요리를 하고 설거지를 하는 방식, 변기를 사용하는 방식, 외출을 하고 집에 들어와서 양말을 벗는 방식 등 다른 생활 패턴으로 살아온 두 사람이 만났으니 서로 조율을 할 것이 너무나 많다. 그런 모든 것들을 귀찮다고 여기거나 잔소리로 생각해 짜증을 낸다면 갈등은 커질 수밖에 없다. 각자 자신의 집안에서만 살아온 사람이 다른 사람의 삶의 패턴을 만나게 된다. 여전히 자신의 기존 습관으로 판단하는 사람과 새로운 것을 배워가는 사람은 결혼생활에서 다른 모습을 보여준다. 행복한 사람, 더 성장하는 사람은 후자다. 후자의 사람을

찾자. 함께 성장할 수 있다. 20살까지 학교에서 다양한 교과목들을 공부했다면 삶에 대한 공부는 결혼 후부터 시작된다. 한국 사람들은 20살까지는 삶에 대해서 배운 것이 거의 없다는 것을 인정해야 한다. 그런 교육의 중요성을 강조하지 않았고 심지어 그 매뉴얼도 없다. 그래서 결혼 후에 겪어가면서 배우게 된다. 이때의 공부가 부부의 삶의 행복을 결정한다. 행복한 삶을 살고 싶다면 무엇보다도 상대가 이 조건의 사람인지 확인하자.

성격이 비슷한 사람

성격에 대한 강의를 하다보니 가장 많이 듣는 질문 중 하나가 "성격이 비슷한 사람끼리 만나야 행복한가요?"이다. 먼저 자신의 성격을 알고 그와 비슷한 성격의 소유자를 찾으려고 성격 강의를 듣는 사람도 있다. 답부터 말하자면 장단점이 각각 있다. 성격이 비슷한 사람끼리 결혼을 했다고 가정해보자. 두 사람의 생각과 행동은 비슷하기 때문에 통하는 것이 많다. 서로에게 크게 강요를 할 것이 상대적으로 적다. 둘다 성격이 급하다면 상대의 게으름에 대해서 화를 낼 일이 별로 없을 것이다. 반대로 둘 다 성격이 느긋하다면 '빨리빨리'를 서로 강요할 일이 없을 것이다. 그래서 비슷한 성격을 만나면 사실 편한 것이 사실이다. 앞으로 많은 날을 함께 살아야 하는데 성격이 비슷하다면 이미 많은 부분을 서로 맞추고 시작하는 것이다. 이런 이유로 결혼 전에 성격에 대한 공부를 하는 것은 매우 중요하다. 성격을 결혼의 중요 조건으로 생각하지 못하니 결혼 후에 '성격문제'라는 이유로 이혼을 하게 되는 것이다. 결혼 전에는 대부분의 사람들이 성격을 마치 심심풀이로 따져보는 것 정도로 생각한다. 실제로 그런 식의 테스트도 많아서 많은 사람들이 오해를 하게 된다. 업체의 광고를 위해 그런 테스트로 끌어당기는 경우가 있는데 그런 식의 성격 테스트 말고 제대로 된 프로그램을 추천한다.

이번에는 반대 성격의 사람이 결혼했을 때를 따져보자. 성격이 다르다는 말은 서로 이해하지 못하는 것들이 많다는 것이며, 앞으로 싸울 일이 많다는 것이다. 그런 싸움을 줄이기 위해서 '만들어질 사람'을 만나야 한다고 앞에서 강조했다. 부지런한 사람과 게으른 사람이 만났다면 이제는 함께 지각하게 되는 일들이 벌어진다. 한쪽은 짜증을 내고 다른 한쪽은 재촉에 부담을 느끼게 된다. 외향형과 내향형이 결혼을 하게 되면 외향형은 바로바로 표현을 하지만 내향형은 표현을 자제한다. 외향형은 점점 답답함을 느껴 더 큰 소리로 주장을 하지만 내향형은 더욱 말을 아끼게 된다. 갈등이 더 심해지면 서로 침묵의 나날을 보내게 된다. 싸운 이유에 대해서 대화로 풀지는 못하고 그냥 시간이 해결해주기를 바란다. 이 상황이 계속 반복된다. 반대의 성격이 만났을 때 이런 힘든 생활이 이어질 수 있다.

반대의 성격일지라도 서로의 생각을 나누고 조율해 나간다면 성장할 수 있는 기회가 된다. 지금까지 살아온 모습에서 벗어나 새로운 모습도 살아볼 수 있게 된다. 정반대의 성격 소유자와 결혼을 했고 서로 맞지 않는 것이 너무나 많다는 것을 하루에도 여러번 느끼게 된다. 그 다름에 대해서 서로 노력한다면 "이렇게 생각하는 거였네? 이제 이해됐어. 난 이런 사람이 어떤 사람인지 몰랐는데 이제야 무슨 생각을 하는지 이해했어. 앞으로는 이런 사람들과도 불편함 없이 지낼 수 있을 것 같아."와 같은 말을 하게 된다. 반대의 사람과 살면서 배울 수 있는 것들이 너무나 많다. 둘 다 서로 노력한다면 부부의 성장은 매우 크게 이루어진다. 따로 돈을 내서 배우는 것이 아니라 삶을 통해서 배우게 된다. 이런 노력을 할 수 있는 사람이라면 반대의 성격 소유자와 만나는 것을 추천한다. 하지만 이런 노력을 하는 것에 부담을 느끼는 사람이라면 비슷한 성격의 사람과 결혼하자. 그런데 더 중요한 말을 해주고 싶다. 당신은 절대로 당신이 원하는 성격의 사람과 결혼을 할 수 없을 것이다. 주변을 보라. 대부분 이상형과 결혼을 하지 않았다. 정확히 말하면 '않은 것'이 아니라 '못한 것'이다. 원하는 선택이 쉽게 이루어지지 않는다. 그래서 누군가와 결혼을 하더라도 이후에 맞춰가며 지내는 방식을 준비해야 한다. 어느 정도까지 성장할지 기대를 갖아보자. 진정한 어른은 이때부터 시작된다.

다음은 성격이 다른 어느 부부의 남편에 관한 이야기다. 너무나 다른 성격으로 갈등이 생기기도 했지만 맞춤으로 극복한 사례를 소개한다.

남편의 결혼 전 생활 습관은 완전한 아침형이었다. 학교 등교도 전교생 중에서 가장 일찍 간 적이 많다고 한다. 경쟁이라도 하듯이 첫번째로 등교 하기를 즐기는 타입이었고, 졸업 후에도 늘 일찍 움직였던 생활습관을 갖고 있었는데, 결혼은 정반대의 게으른 여자와 결혼을 한 것이다. 여기에서 말하는 게으르다는 것은 상대적인 개념이다. 결혼 전에 아내가 이렇게 늦게 일어나고 천천히 움직이는지 몰랐다고 한다. 함께 어디로 이동할 때에는 아내로 인해서 지각을 하게 될 때가 많아졌고 그것으로 스트레스를 많이 받았다고 한다. 하지만 어느 순간 남편은 느림의 미학을 배우게 되었다고 한다. 배우자의 늦은 준비로 조급함을 느낄 때가 많았는데 자신만 힘들다는 것을 깨닫고 아내의 느림을 받아들이기로 한 것이다. 그렇다고 완전히 마음이 편해진 것은 아니지만 그래도 많은 갈등이 사라졌다고 한다.

매뉴얼을 지키는 사람
집안에도 법은 존재한다. 사회의 법과 다를 뿐이다. 부부가 함께 살다보면 지켜야 할 것들이 너무나 많다. 어느날 아내가 아이들을 데리고 친정에라도 가면 남편은 큰 해방감을 느낀다. 그 해방감은 지켜야 할 것들로부터의 해방감이라고 할 수 있다. 뭔가 해야 했던 것을 하지 않아도 되니 너무나 편한 것이다. 그만큼 가족 구성원이 함께 지내는 가정이라는 조직은 서로 지켜야 할 것들이 필요하다. 가족만의 매뉴얼이 있어야 한다. 그것을 정하고 지키는 것이 필요하다.
사소한 하나의 일도 정해놓지 않으면 감정이 상하는 상황이 많이 벌어진다. 피곤하고 지칠 때에도 책임감을 갖고 가정의 일들을 하는 것이 필요하다. 이런 매뉴얼이 없이도 잘 돌아가는 집이 있을 것이다. 서로 배려를 잘 하는 집이다. 당신의 집도 이런 집과 같다고 낙관적으로만 생각하지 말자. 서로 동의할 수 있는 매뉴얼이 필요하다. 그리고 그 매뉴얼을 지키는 것이 중요하다. 매뉴얼을 정해놓고 지키지 않는다면 신뢰감은 더 무너지게

우리 집안 매뉴얼
매뉴얼은 지키라고 있는 것이다

1. 남자도 앉아서 소변을 본다
2. 목욕을 하는 사람이 화장실 청소까지 하고 나와야 한다
3. 밥상을 차리는 사람과 설겆이를 하는 사람은 서로 달라야 한다
4. 쓰레기는 10시 이전은 아내가, 10시 이후에는 남편이 버린다
5. 음식물 쓰레기 봉투는 가장 작은 것으로 구입해 자주 버린다
6. 아이 목욕은 반드시 부부가 함께 한다. 그렇게 할 날이 길지 않다.
7. 빨래를 널 때는 자다가도 일어나서 돕는다

된다.

한 나라의 시민의식은 법을 얼마나 잘 지키느냐에 따라 결정된다. 치안 문제도 없고 쓰레기도 길에 함부로 버리지 않는다면 여행가기 너무나 좋은 나라라고 할 수 있다. 경찰이 있기는 하지만 경찰이 필요하지 않은 것처럼 보인다. 반대로 대부분의 국민들이 법을 지키지 않는다면 경찰이 통제하는 것으로도 문제가 다 해결되지 않고, 이런 나라에 여행을 가면 큰 일이 벌어질 것 같다. 남미로 여행을 가면 위험하다고 하는 이유가 이와 같다고 볼 수 있다. 가정도 마찬가지다. 가족 구성원이 서로 해야 할 일을 잘 지킨다면 어떤 갈등의 문제가 발생하지 않고 부부싸움은 벌어지지 않는다. 여기에서 말하는 매뉴얼이라는 것

은 세세한 것 하나 하나 정해서 지키자는 것을 말하는 것이 아니다. 상대가 힘들 때 매뉴얼 상 내 할일이 아니기에 그냥 지나쳐도 된다는 것을 말하는 것은 절대 아니다. 서로에게 불편을 주지 않을 매뉴얼을 말하는 것이다. 귀찮다고 자기 멋대로 하는 일은 없어야 한다. 이런 매뉴얼을 싫어하는 사람이라면 문제가 생겼을 때 상대에게 책임을 떠넘길 가능성이 크다. 그래서 문제가 발생할 때 그 문제의 해결이 이루어지지 않는다. 문제 해결을 하기 위해서는 무엇이 문제인지 정확히 인식하는 것이 필요한데 그것이 안 되는 사람이다. 시스템 선진국일수록 문제가 발생해도 금새 그 문제를 해결한다. 전염병이 발생해도 질병관리본부의 시스템이 잘 작동해서 바이러스에 감염된 사람이 잘 관리되고 완전치료까지 이어진다. 내가 결혼을 할 사람은 그런 약

새로운 사람과의 만남

속을 잘 지키는 사람인가 잘 생각해보자. 가정에서는 이런 저런 많은 문제들이 발생한다. 매뉴얼이 있어야 바로 바로 해결이 된다. 문제를 방치하고 더 키워서 집에 독촉장이 날라오지 않도록 만들어야 한다.

웨딩보다 이후의 삶에 더 중요성을 두는 사람
결혼날짜가 정해지면 웨딩에 모든 에너지를 쏟는다. 그런데 웨딩 이후의 삶에 대해서는 에너지를 거의 쏟지 않는다. 왜 웨딩에만 집중할까? 왜냐하면 그때는 많은 손님들이 와서 집중해서 보는 시간이기 때문이다. 하지만 정말 친한 친구 외에는 신랑신부의 모습을 그리 열심히 관찰하지 않는다. 드레스 입은 모습 보다 뷔페의 음식에 훨씬 많은 관심을 보인다. 심지어 결혼식 행사 시간에 식사를 하는 사람들도 많다. 결혼식에 형식적으로 참석하는 사람들이 많은데 그 이유는 품앗이 성격이 강하기 때문이다. 결혼을 하는 당사자는 그런 점에서 웨딩 준비에 그리 큰 노력을 할 필요가 없다. 그때 찍은 사진은 오직 둘만 보게 된다. 벽에 장식해놓은 결혼 사진도 아이가 생기면 집안 구석으로 이동해서 먼지가 쌓이게 된다. 이런 이야기를 결혼 선배들이 미리 해줘도 웨딩을 중요하게 생각하는 사람은 귓등으로 듣는다. 웨딩드레스를 입은 멋진 모습만을 생각하고 거기에 초집중할 뿐이다. 살을 빼기 위해서 회원권을 끊고 피부 미용도 받는다. 심지어 드레스를 구매하는 사람도 있다. 인생에 딱 한 번하는 결혼식인데 남이 쓰던 것을 입을 수 없다는 것이다. 여기에서 생각의 차이를 알 수 있다. 한번 밖에 입지 않으니 구입을 할 필요가 전혀 없다고 생각하는 사람과 반대의 판단을 하는 사람이다. 스드메스튜디오 촬영, 드레스, 메이크업가 중요하지 않다는 것을 말하는 것이 아니다. 이 모든 것이 사치일 뿐이라고 말하는 것이 아니다. 이것보다 더 중요한 것은 결혼 이후의 삶이기에 그쪽에 더 많은 에너지를 쏟아야 한다는 것을 말하고 싶다. 현실로 바로 부딪치게 되는 것을 제쳐두고 웨딩에만 심취해 현실로 돌아오지 않는 사람들이 있다. 이런 사람들은 현실의 힘든 상황들을 결혼 생활의 불만으로 생각하고 그것을 배우자에 대한 원망으로 연결한다. "손에 물 한 방울도 안 닿게 해준다면서. 이게 뭐야."라고 외치지만 현실적이지 못한 사람이다. 드레스의 모습은 그날만 환상적으로 만드는 결혼식의 설정일 뿐이다. 큰 돈

새로운 사람과의 만남

을 들여 만든 일시적 모습이다. 이제는 현실이 기다리고 있다. 현실에 대해서 준비를 했어야 했는데 그렇지 못한 사람들은 결혼 생활이 불편해지기 시작한다. 이런 일이 벌어지기 때문에 웨딩을 준비할 때 "이후의 삶이 더 중요해. 그 부분에 대해서 미리 공부하고 준비해봐. 웨딩은 이렇게 꼼꼼하게 준비하지 않아도 괜찮아."라고 조언을 해도 항상 "그래도 전 남들과 다르게 멋지게 준비하고 싶어요."라고 답을 할 뿐이다. '그래도'란 답변이 입에 붙은 사람들이 있다. '그래도'란 말은 '그래도 전 제가 생각한대로 할거에요. 당신이 어떤 이야기를 해도 난 나의 결정을 바꾸지 않을거에요."의 줄임말이다. 결혼 이후의 삶이 훨씬 중요하고 그것을 준비해야 하는데 그것보다 웨딩에 더 집중했다는 것은 남들에게 보여주기를 더 중요하게 생각하는 사람이라는 것을 증명하는 것이다. 자존감이 떨어질수록 남을 의식한다. 자신만의 철학은 없고 포장하는 것이 중요하다보니 이후의 결혼 생활에서 힘든 점들이 밀려오는 것으로 느끼는 것은 매우 당연한 결과다.

스스로 결정할 수 있는 사람

결혼을 하게 되면 한 집안의 주인이 된다. 그 전에는 주인이 아니었다. 얹혀살던 삶을 살았다. 스스로 결정을 할 일들이 없었다. 자기 하고 싶은 것은 혼자 결정을 했지만 이제는 가정을 위한 결정을 해야 한다. 집 계약을 하는 결정, 집안 살림을 구입하는 결정, 직장을 선택하는 결정, 대출을 받는 결정, 임대를 계약하는 결정, 여행지를 선택하는 결정, 아이를 낳는 가족계획 결정

등 중요한 결정을 해야 한다. 이때마다 우유부단하면 결정을 하는데 시간이 걸리거나 결국 아무런 결정을 하지 못하게 된다. 결정력이 약한 것도 하나의 성격이다. 성격은 앞으로의 삶에서 계속 작용하게 된다. 이런 사람은 부모의 말에 휘둘리거나 주변의 이야기에 영향을 많이 받는다. 아내에게 "엄마가 둘째는 낳아야 한다고 하네.", 주변 학부모의 이야기를 듣고 "우리 아이도 이제는 학습지를 시켜야 겠어요." 모두 주변의 이야기에 영향을 받아 결정을 하게 되는 발언이다. 스스로 결정을 잘 하는 사람은 어떤가. 시행착오를 거치게 되겠지만 능동적으로 가정의 발전을 가져오게 된다. 가족계획도 부부 둘이 상의해서 결정하게 되고, 아이의 교육도 이전 세대의 실패한 방식을 또 반복하지 않고 미래에 필요한 교육으로 고민하여 결정하게 된다. 이사를 할 때마다 점점 좋은 조건의 집으로 이사를 하게 되며 명절 때 부모님의 강요에 쉽게 흔들리지 않는다. 가정의 주인은 자신이다. 주변의 강요나 이야기들에 쉽게 흔들리지 않아야 한다. 부부 둘의 결정으로 삶을 계획해 나가게 되며 그때 그때 벌어지는 사건에 대해서도 바로 대처를 잘 하게 된다. 어떤 연예인이 자신의 삶의 이야기를 어느 토크쇼에 나와서 한 적이 있었다. 들어보니 젊었을 때 사기를 당했는데 그 빚을 배우자가 다 갚았다는 이야기였다. 그런데 이런 이야기는 매우 드문 이야기가 아니다. 이들은 어떻게 그렇게 큰 빚을 떠앉게 되었을까? 스스로 결정을 해서 그렇게 큰 빚을 만들게 된 것처럼 보인다. 하지만 그런 빚을 만들게 된 데에는 주변의 이야기들이 있었다. "이 시점에서는 더 확장을 하기 위해서 대출을 받아야 해."와 같은 이야기가 찾아온다. 조금씩 사업을 확장시키는 것이 안정적일 수 있는데 주변에서는 그런 이야기보다 모험을 하라고 유혹한다. 여기에서 말하는 '스스로 결정할 수 있는 사람'은 위험을 무릎쓰고 사업확장을 하는 성격의 사람을 말하는 것이 아니다. 그런 주변의 권유와 스스로의 에고의 유혹이 있더라도 과감히 물리치는 결정을 할 수 있는 사람을 말하는 것이다. 결혼 후에는 그동안 번 돈을 어떻게 더 크게 불릴 것인가보다 어떻게 잘 지킬 것인지 신중해야 한다. 젊어서 고생해서 번 돈을 날리는 것은 한 순간이다. 사기꾼들은 결정을 잘 못하는 사람들의 심리를 노려 매년 엄청난 돈을 긁어 모으고 있다. 그런 피해를 본 사람들이 주로 "요즘 이거 괜찮데.", "아는 사람이 추천해줬는데 설마 문제가 있겠어?", "이거 한번 알아봐봐. 괜찮은 것 같아."와 같은 말을 하지 않은가. 이미 사기꾼에게 결정을 맡겨버렸고 희망에 들떠있다.

스스로 결정을 잘 하는 사람은 결국 판단력과 결정력, 자립도와 책임감이 뛰어난 사람이다. 잘못된 판단을 할 가능성이 낮고 올바른 결정을 하게 되니 그 가정은 점점 살림살이가 나아진다. 자립도가 뛰어나기 때문에 부모나 주변의 영향에 쉽게 휘둘리지 않는다. 책임감이 좋다보니 무엇을 해도 스스로 열심히 한다. 이런 사람 둘이 만나게 되면 이 가정은 발전하지 않을 수 없다.

이런 사람은 만나면 안 된다

부모로부터 독립이 안 된 사람

요즘 교육의 가장 큰 문제는 자립에 대한 어떤 내용도 없다는 것이다. 그래서 20살이 되어도 나이만 먹었지 스스로 무엇을 어떻게 해야 하는지 전혀 알지 못한다. 독립을 하자마자 사기를 당하거나 주변의 이야기만 듣고 부모에게 나타나 돈을 해달라고 조른다. 이것은 그 당사자의 문제라기 보다 자립도를 키워주지 못한 부모의 영향이 크다. "공부만 열심히 해."라고 고3까지 이야기했는데 아이가 무슨 자립도를 키우겠는가. 심지어 대학에 다니는 중에도 동일한 말을 계속 한다. 그렇게 공부만 하라고 해서 공부만 할 것도 아니고 그런 교육이 자녀의 미래의 삶에 어떤 도움이 되겠는가. 이런 성인은 다 커서도 "엄마한테 물어볼게."란 말을 자주 한다. 심지어 "엄마한테 해달라고 하지뭐."처럼 아이가 하는 행동을 계속 이어간다. 부부 간의 중요한 결정을 할 때에도 "엄마한테 물어봐서 결정하면 안 될까?"를 말하며 "엄마가 하지말래."란 결정을 받아들인다. 심지어 결혼 후에도 부모님의 집에 얹혀살거나 거기에서 독립하지 못한다. 독립을 하더라도 매우 큰 불효를 한 것으로 생각하지만 그것은 불효가 아닌 자립도가 약한 사람의 착각일 뿐이다. 자립을 위해서 양쪽 부모님댁으로부터 멀리 살아보는 것도 도전해봐야 하는 일이다.

잘못된 결혼관을 갖고 있는 사람

방송이나 주변 사람들의 이야기를 듣고 잘못된 결혼관을 갖고 있는 사람들이 있다. 이런 이야기를 하는 사람들이 방송에 나와 서로 자신들의 경제력을 자랑하거나 학군 이야기를 하는 경우가 있다. 좋은 집에 사는 사람들의 집을 보여주면서 "난 이렇게 결혼 시작부터 좋은 집에 살아. 다들 그래야 하는 것 아냐? 부럽다면 당신은 루저야."라는 속마음을 전달하는 말을 한다. 집의 위치, 평수, 인테리어 수준, 한달 생활비 등을 공개하며 결국 경제적으로 잘 살고 있다는 것을 자랑한다. 집에서 이 방송을 보는 아내들은 남편에게 "우린 뭐야? 우린 왜 저렇게 못살지? 결혼할 때 그렇게 말하지 않았잖아!"와 같은 말을 한다. 결혼은 두 사람이 함께 노력해서 만들어가는 것이지 왕자나 공주로 만들어주려고 데리고 온 것이 아니다. 방송의 주인공은 자신의 노력으로 만든 경제력이 아니다. 그래서 지출도 클 수밖에 없고 주변의 경제적으로 어려운 사람들을 무시하게 된다. 그들은 휴거 휴먼시아 거지, 빌거 빌라 거지와 같은 혐오 단어를 사용하여 경제적 계층을 만든다. 매우 낮은 의식 수준의 사람들이다. 거기에 이어 자녀가 태어나면 학군으로 그 주제는 넘어가게 된다. "우리 아이는 여기 학교에 다녀. 여기가 좋은 학교거든. 저쪽은 못사는 애들이 다녀서 공부도 못해. 자기 애는 어디학교 다녀?"란 질문을 대놓고 한다. 그리고 실제로 다른 학교에 다니면 대화를 중단하고 자리를 뜬다. 함께 대화를 할 수 없는 클래스라는 것이다. 이런 부모는 자신의 표현을 집값, 아이의 학군으로 하게 된다. 자신이라는 존재는 없다.

집, 인테리어, 아이 학교와 성적 등 포장지로 자신을 휘둘러 감고 있다. 자신의 포장과 다른 포장을 하고 있는 사람과는 어울리지 않는다. 자존감이 떨어지기 때문에 자신의 진실된 이야기는 하지 못하고 매번 무엇을 구입했는지, 외식해서 무엇을 먹었는지, 어디를 여행했는지를 알리는 것이 중요하다. 이들의 SNS에는 자랑하는 사진과 글들로만 넘친다. 그리고 비슷한 사람들끼리 만나서 대화를 한다. 서로 자랑질일 뿐이다. 껍데기일 뿐인 포장지 자랑만 하고 각자 집으로 들어간다. 기분이 찜찜하다. 자존심을 잘 세우지 못한 것 같아 다음에 더 준비해서 사람들을 만나겠다고 다짐한다. "나 여기에 살아.", "전 여기 학교 나왔어요.", "저희 집 몇 평이에요." 등의 이야기를 대화 때마다 꺼내는 이유는 그런 가치관을 갖고 살아가기 때문이다. 이들에게 결혼은 포장지로 감싸서 주변 사람들에게 보여주기 위한 행사다. 이들은 자신의 모습을 객관적으로 보지 못한다. 돈이 행복이고 아이의 성적이 행복이다. 실제로 행복하지 않은데 말이다.

에니어그램에서 말하는 '불건강한 범위의 사람'
에니어그램이란 사람의 성격을 9가지로 분류하는 프로그램인데 매우 독특한 주제를 갖고 있다. 다른 프로그램들은 '성격 = 나'라는 공식을 갖고 있다. 하지만 에니어그램은 정반대다. 성격은 내가 아니라 내가 쓰고 있는 가면일 뿐이다. 그런데 그 가면을 자신과 동일시하여 실제 자신의 모습으로 생각하고 있다는 것이다. 예를들어 일을 할 때 완벽하게 하는 사람들은 "전 일을 대

충대충 하는 것을 보지 못합니다. 제가 원래 완벽하게 하는 스타일이거든요. 그래서 꼭 짚고 넘어가요. 사람들이 듣기 싫어해도 말을 해줘야 해요. 그게 옳다고 생각합니다."와 같은 말을 한다. 즉 자신을 완벽한 사람의 모습과 동일시하는 것이다. 이들은 '지적을 많이 하는 비판주의자'라고 할 수 있다. 이런 비판이라는 것이 필요할 때도 있지만 그렇지 않을 때도 많다. 하지만 가면으로 딱 써버렸으니 모든 판단을 그 가면으로 하게 된다. 이런 식의 가면은 총 9가지로 되어 있다고 에니어그램은 설명한다.

사람의 성격에 대한 범위는 크게 세 가지로 나눠볼 수 있다. 건강한 범위, 평균 범위, 불건강한 범위인데, 성격과 동일시하는 범위는 평균 범위다.

대부분의 사람들은 평균 범위에 머물러 있다. 그것이 가장 편하

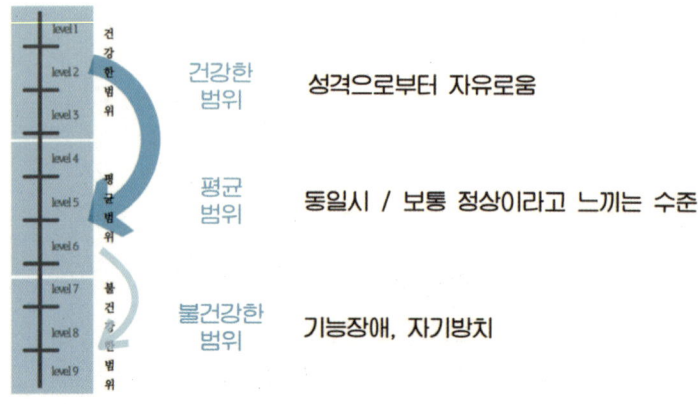

기 때문이다. 그래서 사람 성격은 쉽게 변하지 않는다고 하는 말이 맞다. 성격을 그대로 유지하며 사는 것이 가장 안정적으로 느껴진다. 가장 좋은 범위는 건강한 범위인데 가면인 성격으로부터 자유로운 정도가 크다. 건강한 범위로 잘 올라가지 않는다.

가장 문제가 되는 것은 평균 범위의 사람이 불건강한 범위의 단계로 내려가는 것이다. 자신이 고수한 신념에 대한 두려움을 갖게 되는 단계다. 위에서 말한 완벽주의자의 이야기로 설명을 이어가보자. 완벽주의자가 자신의 신념을 갖고 살아가다가 어느 시점에 그 신념대로 되지 않으면 어떻게 하나 두려움을 갖게 된다. 어떤 일이 벌어질까? 주변 사람들의 모습이 틀렸다는 것을 증명해내야 한다. 그래야만 자신은 옳은 사람이고 완벽한 사람이라는 것을 말할 수 있기 때문이다. 그래서 이들은 과도한 비판을 하게 된다. 상대방이 틀렸다는 것을 스스로 나서서 증명해

내기 시작하는데 지독한 지적주의자가 된다. 아침부터 보자마자 작은 일로 주변 사람들을 훈계한다. 직장 안에서는 이들이 비판할 수 있는 기회는 훨씬 많아진다. 회의를 할 때, 보고를 할 때마다 상대방을 비난한다. '불건강한 범위'에 있기 때문에 자신의 성격과 동일시하는 것은 물론이고 불안감을 해소하기 위해서 상대를 지독하게 비난한다. 이런 유형을 에니어그램에서는 '1번 완벽주의자'라고 말한다.

1번 완벽주의자

이런 사람은 만나면 안 된다

각 유형의 명칭은 다음과 같다.

- 1번 완벽주의자
- 2번 봉사자
- 3번 성공주의자
- 4번 개인주의자
- 5번 분석가
- 6번 충성가
- 7번 열정주의자
- 8번 도전주의자
- 9번 평화주의자

1번만 간략하게 설명을 했는데, 나머지 8개의 유형도 그에 해당하는 신념이 깨질까봐 그 두려움으로 자신만의 불건강한 모습을 보여준다. 그 두려움을 성격으로 유지하면서 살아가는 사람들이 있는데 이런 사람을 만나면 큰 일이다. 자기 파괴적이거나 주변 사람들을 파괴시키는 모습을 보여주기 때문이다.

각 유형의 그런 모습을 좀 더 자세히 살펴보자. 1번은 앞에서 설명했으니 2번부터 설명한다.

2번 봉사자는 자신의 봉사가 타인에게 도움이 되지 않을까봐 걱정한다. 그래서 더 과도한 도움의 손길을 뻗치게 된다. 이런 2번의 봉사를 상대는 부담스러워하기도 하지만 더 큰 문제는 2번 자신의 삶을 망치면서까지 남을 도와준다는 것이다. 자신에게 여유 자금이 없으면 현금서비스를 받아서라도 남을 도와준다. 점점 빌려준 금액이 커지면 배우자 몰래 남을 도와주기도 한다.

나중에 보니 억대의 빚이 쌓여 이혼하게 되는 사람들이 있는데 이들이 2번이다.

3번 성공주의자는 자신이 성공을 하지 못하면 남이 알아주지 않을 거라는 두려움을 갖고 있다. 하지만 성공이라는 것이 원한다고 쉽게 할 수 있는 것은 아니다. 그래서 성공한 사람처럼 자신을 점점 속이고 포장을 하게 된다. 남들이 진실을 알까봐 걱정하고 더욱 거짓으로 자신을 꾸민다. 성공한 사업가인 줄 알았는데 알고 보니 사기꾼인 것으로 밝혀져 이혼하게 되는 경우가 이 3번의 사례다.

4번 개인주의자는 자신이 평범해지는 것을 두려워한다. 그래서 독특한 옷을 입고 독특한 취미를 갖는다. 그렇게 해도 남들과 비슷할까 걱정하여 더 독특한 모습으로 자신을 변화시킨다. 쉽게 부정적인 생각에 빠지고 심지어 우울한 감정을 즐기는 것처럼 보이기도 한다. 주변에서 4번과 함께 있을 때 불편함을 느낄 때가 있다. 4번 배우자를 이해하지 못하고 정신적으로 큰 문제가 있다고 생각하여 병원을 추천하지만 쉽게 나아지지 않는다. 매일 함께 살아야 하는 가족 구성원들은 점점 예민해지는 4번에게 불편함을 느끼고 결국 이혼까지 가게 된다.

5번 분석가는 자신의 두려움을 해결하기 위해서 그 두려운 것을 더 공부한다. 전문적인 지식을 습득하면 그 두려움이 사라질 것이라 생각한다. 5번은 두려운 것이 있을 때마다 공부하는 방식으로 해결을 하다보니 주변의 이야기를 신뢰하지 않는 경우가 많다. 주변 사람들과 대화를 하지 않고 책을 보는 경우가 많으며, 사람들과 대화를 할 때 "그것은 올바른 분석이 아니야."와 같은 말을 한다. 그런 말을 하느니 차라리 만남을 갖지 않게 되기도 한다. 자신의 지적 수준과 맞지 않음이 사람들과 어울리지 못하게 만드는 것이다. 결혼 생활을 통해서도 가족과 거의 대화를 하지 않고 매번 지식 습득에 열을 올리게 되니 배우자가 이렇게 살거면 이혼하자고 요청을 한다.

6번 충성가는 두려운 것이 떠오를 때 그것을 스스로 해결하지 못한다. 주변에 의지하는 스타일이다 보니 걱정하는 말을 많이 한다. 하지만 주변의 이야기를 100% 믿거나 의존하는 것이 아니라 의심도 같이 한다. 그래서 6번은 음모론자처럼 보이기도 한다. 일을 크게 만들 필요가 없는 것에도 혼자 스스로 음모가 있다고 여긴다. 대표적인 예가 지구가 둥글지 않다고 생각하는 사람들의 모임이다. 이들은 지구는 평평하고 태양은 그 위에 떠 있는 모습으로 생각을 한다. 하지만 정부가 특정 목적을 위하여 진실을 알려주지 않는 거라고 주장한다. 한국에도 이들의 동호회가 있고 회원중에는 과학자도 있다. 과학적으로 지동설을 증명해도 그것을 의심하고 받아들이지 않는 것이다. 이런 6번은 의심병이 심해져 함께 사는 것이 힘들 정도가 될 때도 많다. 자신들의 집에 도청을 했다고 믿는 사람들도 6번이라고 할 수 있다. 이들은 핸드폰 사용에 대해서도 매우 위험하다고 생각하고 SNS 계정을 절대로 만들지 않는다. 과도한 의심병으로 이혼하게 되는 경우도 많이 보게 된다.

7번 열정주의자는 재미있다고 판단이 되면 그것을 선택하고 그런 선택으로 바쁘게 살아가는 사람들이다. 이들이 재미있는 것을 선택하는 이유는 자신이 고통으로 여기는 것을 회피하고 잊어버리기 위해서다. 그래서 주로 자극적이고 짜릿한 것에 관심을 갖는다. 그래서 이들은 어떤 활동을 꾸준히 하는 경우가 많다. 쇼핑을 할 때에도 쓸 수 있는 돈 이상의 금액을 사용해서 물건을 구입한다. 더 짜릿한 활동으로는 불륜을 저지르거나 도박을 하기도 하는 것이다. 당연히 이런 방탕한 생활을 하는 배우자와 함께 살 수 없어서 이혼을 한다.

8번 도전주의자는 자신이 약해보이는 것에 대해서 두려움을 갖고 있다. 항상 강해보이고자 노력을 한다. 그래서 주변 사람들에게

이런 사람은 만나면 안 된다

싸움을 걸기도 하고 다들 하지 않을 일을 도전하기도 한다. 누군가 저항을 하거나 반대하면 타협을 하지 않고 정면으로 충돌하는 것을 선택한다. 그래서 누군가와 싸우는 일이 많이 벌어진다. 불 같은 화를 잘 내는 사람들이다. 다른 사람들의 의견이나 불만을 잘 받아들이지 못한다. 이렇게 화가 넘치는 사람과 함께 살다가 견디지 못해 이혼을 선택하게 되기도 한다.

9번 평화주의자는 갈등을 싫어하는 사람이다. 뭔가를 할 때 그것이 자신의 마음을 힘들게 할거라는 생각으로 아무것도 하지 않는 것을 선택한다. 물건을 구입한 후 준다고 한 경품을 받지 못하더라도 요구를 하지 않는다. 그런 요구를 할 때 응대하는 사람과 갈등이 생길까봐 처음부터 스스로 요구를 하지 않는 사람들이다. 그러다 보니 어떤 일을 새롭게 시작하지도 않고 어떤 역할을 맡지도 않는다. 이들에 대한 표현으로 '혼수상태'가 있다. 결혼을 하면 해야 할 일, 맡아야 할 일들이 넘쳐난다. 그럴 때마다 피하면 되는 일은 하나도 없게 된다. 이렇게 무기력하고 무관심한 사람과 같이 사는 것이 힘들어 이혼을 하게 되기도 한다.

지금까지 에니어그램에서 말하는 아홉 가지 유형의 불건강한 모습을 설명했다. 누구나 어떤 특정한 성격을 택하고 그 성격으로 살아가고 있다. 성격이 있는 것 자체를 문제라고 말하는 것이 아니다. 그런 성격의 두려움이 너무 커서 불건강한 모습이 계속 유지되고 있는 사람들을 말하는 것이다. 그들은 배우자와 자녀에게 매우 안 좋은 영향을 미치는데 변화가 쉽지 않다. 성격 때문에 헤어졌다고 말하지 말고 미리 꼼꼼하게 살펴보자. 학교나 주변에서 이런 교육을 하지 않기 때문에 스스로 공부하는 수밖에 없다. 앞에서 나온 책 에니어그램-성격으로부터의 자유로움을 읽어보자.

교류분석에서 말하는 심리게이머

사람들의 대화를 분석하는 프로그램으로 교류분석 Transactional Analysis 이라고 하는 것이 있다. 교류분석은 무엇보다도 '심리게임'이라고 하는 것을 분석하는데, 그것은 불쾌감을 주는 대화라고 할 수 있다. 그런 대화 4가지 사례를 설명하고자 한다. 첫 번째는 어느 부부의 대화 내용이다.

아내는 집들이로 손님들이 오는 것을 준비하기 위해 주방에서 열심히 음식을 만들고 있다. 몇 시간 후에 도착할 지인들을 맞이하기 위해 정신없이 요리를 하고 있다. 아내가 준비를 하는 것처럼 남편도 맡은 일이 있었고 각자 준비를 하고 있었다. 아내는 육아를 하면서 집들이 준비를 하고 있었기 때문에 속도가 빠를 수 없었다. 하지만 서두르면 어느정도 준비가 완료될 것 같아서 열심히 집중하고 있다. 요리가 어느 정도 완료되었을 때 집 청소와 몸단장도 해야 했다. 이 모든 것을 제시간에 끝마치기 위해서 아이의 질문과 요구에도 다 응대할 수가 없었다. 이때 남편이 아내에게 와서 오늘 낮에 겪었던 일에 대해서 이야기를 꺼낸다.

아내는 남편에게 그 대화는 나중에 하자고 요청한다. "오늘 집들이 마치고 나중에 이야기해요. 지금 이게 더 급하잖아요."

남편은 기분이 상했는지 "집들이가 나보다 더 중요해? 난 지금 그 일이 너무 중요하고 화나는 일이니 그 이야기를 하자는 거야. 나에겐 이 이야기가 중요하다고."라고 말한다.

"물론 당신이 그 사건에 대해서 이야기하고 싶어하는 것을 알아요. 하지만 곧 손님들이 오고 집들이 준비하는 일이 급하니 나중에 이야기하자는 거잖아요. 난 아직 옷도 갈아입지 못했다고요." 아내는 말했다.

남편은 더 화를 내며 "당신은 항상 이런식이야. 나를 조금도 존중하지 않아. 나의 일에 관심을 갖고 대화를 하지 않아. 오늘만 이런게 아니라고. 당신은 당신이 이랬다는 것 잘 모르지? 잘 생각해보라고. 내가 한두번 느낀게 아니라니까." 남편이 말했다.

아내는 화가 났지만 꾹 참았다. 남편은 곧바로 자기 방으로 가버렸다. 원래 남편이 식탁 준비와 와인을 사오기로 했는데 지금 말다툼 때문에 그것이 제대로 준비가 되고 있는지 물어볼 수 없게 되었다. 남편은 방에 들어가 더 화를 내고 있는 것 같았다. 생각하면 할수록 아내가 자신을 존중하지 않는다는 생각이 더욱 커졌다. 남편은 옷도 갈아입지 않고 일단 자기 방으로 가서 컴퓨터를 켜고 작업을 한다. 딴 일을 통해서 화가 난 상황을 회피하고 있는 모습이다.

시간이 되어 손님들이 도착했고 아내는 남편에게 컴퓨터 작업 마치고 식탁으로 오라고 말한다. 남편은 "아까처럼 나한테 굴지 이제야 날 존중하는 척 하는 건 뭐야?"라고 하면서 집에서 입는 편한 복장으로 나타났다.

아내는 "나보고 어떻게 하라고요. 손님들 왔으니 그만 하세요."라고 말했다.

손님들은 부부의 이런 대화 때문에 당황해한다. 손님들이 분위기를 좋게 만들기 위해 노력하지만 부부간의 신경전은 계속 되었다. 결국 집들이는 엉망이 되었다. 매우 불편한 집들이가 되었고 손님들도 그 느낌을 알고 일찍 돌아갔다. 남편과 아내의 말다툼은 계속 이어졌고 남편은 결국 이런 말을 한다. "당신이 우리 관계를 망쳐 놓았어."

이런 사람은 만나면 안 된다

이 대화의 문제는 무엇인가? 남편의 문제는 맹점 blind spot 을 갖고 있다는 것이다. 쉽게 설명하면 상황파악을 잘 하지 못한다는 것이다. 남편은 지금 상황에서 아내와 진상에 대해서 대화를 나눌 상황이 아니라는 것을 알지 못하고 있다. 성인이라면 충분히 파악할 수 있는 상황인데 전혀 보지 못한다. 보통 이런 모습은 3~5살 아이들이 보여주는 모습이다. 부엌에서 엄마가 바쁘게 설거지를 하고 있을 때 아이들은 자기 노는 것을 도와달라고 보챈다. 엄마의 상황을 파악하지 못하고 자기의 문제만 보게 되는데, 이런 아이들의 행동을 성인인 남편이 하고 있는 것이다. 아내는 지금 그 대화를 할 수 있는 상황이 아님을 설명했고 정중하게 거절을 했다. 하지만 남편은 전혀 그것을 받아들이지 않았고 오히려 자기의 이야기를 들어주지 않은 아내에 대해서 불만을 표현하고 있다. 남편은 아내가 지금 바쁘고 남편의 이야기를 들어줄 수 없는 상황이라는 것을 보지 못하는 맹점을 갖고 있는 것이다. 그 결과 남편은 아내가 자신을 존중하지 않는 사람이라고 결론을 내버린다. 비슷한 상황이 벌어지면 또 저런 식으로 아내를 판단할 것이다. 맹점을 갖고 있는 사람들은 왜곡된 판단을 할 수밖에 없다. 아내는 절대 그렇지 않다고 설명을 하지만 왜곡된 남편의 판단을 바로 잡을 수 없다. 이런 맹점으로 인해 왜곡된 인식을 갖고 있는 남편은 이번 사건에서만 그런 것이 아니라는 점이 더 우울하게 만든다. 동일한 판단은 언제든지 또 벌어질 수 있다. 교류분석에서는 이런 사람을 '심리게임'을 사용하는 '게이머'라고 표현한다. 이런 게이머는 총 세 가지 유형이 있다. 공격자 게이머, 구원자 게이머, 희생자 게이머가 있는데, 남편의 경우 아내로부터 존중을 받지 못했다고 자의적으로 판단하는 '희생자 게이머'이다. 항상 아내로부터 피해의식을 갖고 동일한 부부싸움을 하게 만들 가능성이 크다. 왜냐하면 게이머는 심리게임을 습관적으로 사용하는 특징이 있기 때문이다. 이번 사례에서는 집들이였지만 눈빛, 말투, 답변의 태도 등 어느 상황에서 또 벌어질지 모른다. 상대방을 기분 나쁘게 만들어 자신이 필요한 것을 얻는다. 하지만 이 모든 것은 무의식적으로 일어나기 때문에 게이머도 자신에게 어떤 문제가 있는지 모른다. 그래서 게이머와의 부부싸움은 끝이 없게 된다.

두 번째 심리게임을 보자. 사귄지 2년 정도 지난 연인의 이야기다.

내일은 여자친구의 생일이다. 남자친구는 여자친구에게 선물로 무엇을 사주는 것이 좋을까 고민하다가 직접 원하는 것을 물어보고 사주는 것이 낫겠다 싶어 물어본다. 그런데 여자친구가 갑자기 까칠하게 나온다. "지금 나한테 생일 선물로 무엇을 원하냐고 물어보는 거야?" 여자친구가 말했다.
남자친구는 여자친구가 왜 까칠한지 모른다. 그냥 다시 부드럽게 물어본다. "응. 내가 사줄게. 말해봐." 하지만 남자친구는 뭔가 냉기가 흐르고 있는 것을 감지한다.
여자친구는 역성을 내면서 말을 한다. "오빠는 어떻게 그럴 수 있어? 나를 사랑하는 게 맞아?"

남자친구는 지금 무슨 상황인지 전혀 이해를 하지 못한다. 생일과 관계 없는 뭔가 다른 일이 있었나 여러가지 생각을 해보지만 정확한 이유를 찾아내지 못한다.

"내 생일선물을 나한테 물어보면 어떡해? 그건 날 사랑하는 게 아니야. 날 사랑한다면 스스로 알아서 내가 좋아하는 것을 파악해서 선물해야지. 그것을 노골적으로 물어보면 어떡해?" 여자친구는 설명을 한다.

하지만 남자친구는 이런 설명이 이해되지 않는다. "아니, 내가 널 사랑하니까 이렇게 선물을 사주겠다고 하는 거잖아. 사랑하지 않으면 선물을 사주겠니?" 남자친구는 억울하면서도 화가 나서 말을 한다.

"내가 원하는 것을 말해서 사주는 선물은 나를 사랑해서 주는 선물이 아니야. 그게 어떻게 그런 의미가 되겠어?" 여자친구는 가르치듯이 설명을 이어나간다.

새로운 사람과의 만남

결국 둘은 이런 대화를 주고 받다가 서로 이해가 되지 않아 중단을 한다. 그리고 내일 생일 때 만나지도 않고 선물도 전달이 되지 않는다. 남자친구는 이해할 수 없는 여자친구의 말에 황당해하고 있고, 여자친구는 사랑받지 못하고 있다는 현실에 슬퍼하고 있다.

이 상황의 문제는 무엇일까? 집들이 부부의 사례에서는 남편의 맹점이 문제가 되었지만 이번 사례는 여자친구의 맹점이 문제가 된다. 여자친구는 남자의 사랑을 파악하지 못하는 맹점을 갖고 있다. 남자는 여자친구를 생각해서 원하는 선물을 물어봤지만 여자는 그런 방식이 자신을 사랑하지 않는다는 왜곡된 판단을 할 뿐이다. 매년 여자의 생일 때마다 남자는 여자를 사랑하지 않음을 증명하는 날이 된다. 여자친구의 이런 판단으로 인해서 생일 때마다 싸워야 하고 정작 여자는 선물도 받지 못한다. 여자친구는 왜 이런 심리게임을 할까? 얻는 것이 있기 때문이다. 남자친구로부터 어떤 사랑도 받지 못하는 불쌍한 여자가 되었다는 '허위감정'을 얻는 것이다. 우리가 보통 이런 상황일때 "너 삐쳤구나?"라고 말을 한다. 어떤 종류의 삐치는 행위도 다 심리게임이라고 보면 된다. 자신이 희생되었다고 판단하는 '희생자 게이머'이다. 여기에서 설명한 두 개의 게이머 사례 모두 '희생자 게이머'인데 부부나 연인 사이에 많이 벌어진다. 이 희생자 게이머는 공격자 게이머보다 공격 강도는 약하다. 공격자 게이머와 사귄다면 게이머는 삐치지 않고 공격부터 한다. 매우 큰 모욕감을 주는 사람이라고 할 수 있다. 데이트 폭력 같은 경우도 대부분 공격자 게이머일 가능성이 크다. 이런 게이머와 결혼을 하게 되면 잦은 삐침, 싸움, 폭언과 폭력을 겪게 된다. 결혼은 오늘 이런 불쾌한 일들을 겪고 내일 헤어지면 되는 계약이 아니다. 한 집에서 남은 인생을 함께 살아야 하며 죽음까지 함께 가야하는 관계인데 호르몬의 마법으로 인해 배우자를 잘못 선택한다면 불행으로 직행하게 된다. 결혼하기는 쉬워도 이혼하기는 어려운 대상이 게이머다. 이들은 적반하장으로 나오기 때문에 쉽게 분쟁 조정이 되지 않는다.

세 번째 심리게임도 살펴보자.

하루 종일 고된 업무에 시달린 남편이 퇴근 전 아내에게 전화를 한다. "오늘 너무 힘들었는데 맛있는 동태찌개좀 끓여봐. 그게 너무 먹고 싶네."라며 저녁 준비를 부탁한다. 아내도 육아에 지쳤지만 힘들게 일한 남편을 위해 요리를 한다. 그런데 이상하게 오늘 동태탕은 평소보다 맛없게 되었다. 아내는 돌도 지나지 않은 아이를 돌보면서 정성껏 저녁을 차린 자신을 위로하며 남편을 기다린다. 남편이 도착하고 함께 식탁에 앉아 하루 종일 서로 힘들었던 이야기를 한다. 그러면서 동태탕 국물을 맛 본 남편이 얼굴을 찌푸리며 한마디한다. "내가 그렇게 부탁을 했는데 맛이 이게 뭐야? 네가 성의 없게 음식을 하니 이 모양이지, 이걸 어떻게 먹어, 집에서 네가 하는 일이 도대체 뭐야?"
순간 너무 어이 없는 아내는 "무슨 말이 그래? 성의가 없다니! 나도 하루 종일 아이 돌보며 힘들었어! 그래도 당신 위해 만든 음식인데, 성의 없다니? 그게 할 말이야? 먹지마."
남편은 이때부터 더 심하게 말을 한다. "내가 오늘 회사에서 무슨 일이 있었는지 알아? 너무 힘들어서 당장 그만 두고 싶었지만 너와 아이를 위해서 참았다고! 오죽했으면 너에게 전화해서 맛있는 음식을 요청했겠냐? 내가 고생하는 게 너는 안 보이니? 내 유일한 낙이 퇴근 후 맛있는 음식을 먹는 건데 네가 이렇게 성의 없이 음식을 하면 내 기분이 어떻겠냐? 집에서 그 정도 내조도 못해? 넌 정말 못됐어."
아내는 어이없는 남편의 논리에 반박을 한다. "난 하루 종일 집에서 놀았니? 나도 아기랑 오늘 힘들었어. 아이 보는 게 쉬운 일인 줄 알아? 한번 바꿔서 일해볼까? 1시간도 못 견뎌."
남편은 아내의 말이 끝나기도 전에 그냥 방으로 들어가 버린다.

이 대화의 남편도 자신의 입장만 생각하고 있다. 특히 음식 맛에 민감한 사람들 중에 이런 게이머들이 있다. 아내가 만족할 만한 맛의 요리를 만들지 못하면 그것은 자신을 배려하지 않고 무시했다는 결론을 내리는 사람들이다. 아내는 싫은 소리를 듣지 않기 위해서는 무조건 매번 남편 입맛에 맞는 음식을 만들어야 한다. 요리를 할 때마다 긴장할 수밖에 없다. 아내와 결혼한 것이 아니라 요리사와 결혼한 것이다. 맛없는 요리가 육아로 힘든 아내의 고생을 덮어버리고 남편을 제대로 배려하지 않은 죄인으로 만들었다. 매일 저녁 아내는 혼나게 될 수밖에 없는 지뢰를 품고 사는 것이다.

그래도 만나는 이유는 당신 때문이다

문제가 되는 사람인지 아닌지 어떻게 판단을 할 것인가? 시간을 갖고 겪어보는 수밖에 없다. 여러가지 상황에서 어떻게 대처하는지 살피는 것이 필요하다. 주변 친구들은 어떤 사람인지도 파악할 필요가 있다. 내가 아는 한 사람은 결혼 전에 주변의 만류에도 불구하고 자신이 선택한 남자와 결혼을 했다. "이 사람처럼 나를 사랑하는 사람은 없을 것 같아."라고 말을 하면서 부모와 주변 사람들을 설득했다. 하지만 아무리 봐도 이상한 점이 있었다. 개인적으로 만났을 때 참 괜찮은 사람인데 주변 친구들을 보면 다 이상한 사람들이었다. 왜 저런 사람들하고만 지내는지 이해가 되지 않았다. 직업도 뚜렷하지 않았고 신분이 불분명한 사람들과 함께 지내는 사람이었기 때문이다. 노는 사람들이 다를 수 있겠다고 생각을 했다. 그런데 문제는 몇 년 후에 나타났다. 이 남자가 사기꾼이라는 것이 몇 년 후에 가족들에게 들킨 것이다. 그때는 이미 아내 가족들에게도 금전적인 피해를 주고 있었다. 그동안 딸과 사위가 도와달라고 하니 여러가지 도와줬던 것이다. 하지만 채무자로부터 연락이 오고 독촉 방문까지 오는 상황에서 남편의 정체가 드러났고 주변 지인들이 왜 그런 사람들이었는지 이해가 되게 되었다. 모든 퍼즐이 다 맞춰지는 것이었다. 남편은 이후에 감옥에 가게 되었고 그 부부는 결국 이혼을 했다. 하지만 그 아내 가족들은 대신 갚을 돈이 있었다. 지금은 그 돈을 갚아가는 삶을 살고 있다. 그후 이혼한 딸이 가족들에게 "왜 그때 나를 막지 않았어?"라고 불만을 표현했다. 하지만 가족들은 그 당시 반대를 했었고, 계속 "이상해. 주변 친구들이 이상하잖아. 잘 살펴봐."라며 신중하기를 바랬었다. 딸의 잘못된 판단으로 부모와 형제들까지 채무자로 만들어놨으면 저런 말을 할 수 없을 것이다. 책임을 가족에게 떠넘기는 발언이다. 사기꾼과 결혼하면 집안의 이미지와 재산에 큰 손실을 준다. 단순히 선택한 자신만의 실수로 끝나지 않는다. 지금까지 만나면 안 되는 사람들에 대해서 이야기를 했다. 그래도 만나는 이유는 당신 때문이다. 자신에게 있는 것이다. 남의 이야기를 잘 듣지 않는 고집이 무척 센 당신 때문이다. "왜 이 세상은 날 도와주지 않지?"와 같은 말을 하지 말자. 그냥 당신 때문이다. 이 세상은 그렇게 하라고 한 적 없다.

결혼 긍정의 배신

원하는 사람을 만나지 못한다

결혼 상대를 신중하게 선택해야 한다고 앞에서 이야기했다. 그렇다고 그것이 원하는 상대를 만날 수 있다는 것은 아니다. 결혼을 할 때 자신에게 가장 잘 맞는 배우자를 만나게 된다고 생각하는 경향이 있다. 주변에서는 "천생연분이야." "역시 만날 사람은 이렇게 만난다니까."와 같은 말을 하지만 실제 두 사람의 적합도는 그리 크지 않다. 작은 연결점을 가지고 크게 확대하는 평가일 뿐이다. 당신은 당신에게 딱 맞는 사람이 어떤 사람인지 모른다. 왜냐하면 당신이 어떤 사람인지도 정확하게 모르기 때문이다. 어떤 성격의 사람을 만나더라도 의견 충돌이 있으며 실수하는 일들을 만들게 된다. 나중에 "다른 사람을 만났으면 더 잘 살았을텐데."와 같은 말을 상대에게 해서는 안 된다. 더 안 좋은 사람을 만날 수도 있지 않은가. 계속 어딘가에 더 나은 사람이 있을 거라는 희망은 빨리 버려야 한다. 결혼은 매우 냉혹한 전쟁과 같다. 성격과 생활패턴이 다른 두 사람이 만나 새로운 삶을 만들어 가는 것이고, 새롭게 결정을 해야 할 일들이 쏟아지는 과정이다. 둘 다 결혼생활이 처음인데 매번 잘 하는 것도 이상하다. 그래서 결혼은 두 사람이 서로 만들어가는 것이고 헤쳐 나가는 것이다. 배우자가 만능이 되어 나의 손에 물 한방울도 안 닿게 해주는 그런 결혼은 생각하지 말자. 이런 생각을 하는 사람은 스스로 결혼을 불행하게 만든다. 하지만 이와 다르게 결혼은 긍정이라는 포장지에 쌓여서 앞으로도 계속 결혼 시장에 내놓게 될 것이다. 하얀 웨딩촬영, 멋진 인테리어의 집, 화목한 육아사진 등 부정적인 면은 찾아볼 수 없다. 종종 가정의 불화를 보여주는 심각한 방송 프로그램에서만 볼 뿐인데 그런 방송의 모습은 자신의 삶에 절대로 나타나지 않을 다른 별의 사건으로 단정한다. 그러다 만약 자신의 이야기가 되는 순간 처음으로 '결혼 긍정의 배신'이 있음을 알게 된다. 그 어떤 약속과 계약보다도 배신이 있을 수 있는 것이 결혼이다. 이것을 모르고 결혼식의 웨딩드레스 모습에만 올인하는 사람을 보면 그 사람의 미래가 걱정될 때가 많다. 그리고 몇 년 안 되어 이혼했다는 소식을 듣는다. 너무나 강력한 무지개빛 구름에 가려져 있는 결혼의 실체를 알지 못한다. 상견례相見禮, 결혼식, 신혼여행만 생각할 뿐 그 이후의 무지개가 걷힌 상황은 생각하지 못한다. 주변 친구들이 그것을 알려주지 못한다. 나나 그 친구나 결혼한지 얼마 안 된 사람들이기 때문이다. 그러니 시행착오를 할 수 밖에 없는데, 정신 못차리며 처음 겪는 사람들끼리 조언하는 것은 큰 도움이 되지 못한다. 고등학교 3학년 학생들끼리 대학교 무슨 과가 앞으로 전망이 있을지 이야기하는 것과 동일하다. 객관적인 조언을 해줄 수 있는 인생의 선배를 한 명 정도는 꼭 만들자. 그리고 그 멘토와 이야기를 나누자.

달콤한 로맨스의 거품

이 결혼 긍정의 다른 표현은 '달콤한 로맨스'romance이다. 결혼을 하는 사람들은 로맨스라는 기초석 위에 결혼이라는 집을 짓고자 하는데 막상 결혼을 하고 나면 그 기초석은 솜사탕처럼 금새 사라짐을 보게 된다. 달콤한 로맨스가 없다는 것이 아니다. 그것이 과연 얼마나 유지될까가 중요하다. 기대만큼 유지되지 않다보니 허무함을 느끼고 상대에게 탓을 돌린다. 단둘이 달콤하게 지내는 것만 생각하니 로맨스 외에 그 어떤 변수도 없을 거라고 생각한다. 결혼을 하는 순간 예상치 못한 영향들이 몰려와서 두 사람 주변에 붙게 된다. 로맨스는 그때부터 어디론가 사라지게 된다. 절망적인 결과가 기다리고 있다는 것을 강조하는 것이 아니다. 처음부터 어느 정도 결혼한 이후의 현실을 알아야 달콤한 로맨스도 제대로 유지할 수 있다는 점.

자존감 약한 사람들의 자랑질

자신의 결혼생활이 더 우월하다는 자랑질을 SNS에 올리는 사람들이 있다. 비싼 집에 살고, 비싼 차를 구입했고, 비싼 선물을 받았다고 올리는 사람일수록 자존감이 낮은 사람이라는 것을 알자. 주변 사람들에게 자신이 우월하다는 것을 알아봐달라고 호소하는 사진들이다. 진정으로 품격있는 사람들은 그런 모습을 보여주지 않는다. 한때 고등학생들 사이에 노스패딩_{노스페이스의 패딩}이 유행한 적이 있다. 그 옷을 입지 않으면 그들 세계에서 찌질이가 되는 분위기가 있었다. 물론 그들만이 느끼는 감정이었다. 노스페이스는 가격이 만만치 않았던 점퍼 브랜드였다. 노스패딩을 입는 순간 그 학생 자신은 없어지고 노스패딩만 남게 된다. "난 노스패딩이야."로 통일성을 만든다. 자존감이 낮은 시기이기 때문에 학생들이 이런 유혹에 빠지는 것은 충분히 이해된다. 하지만 결혼한 성인이 이런 모습을 보이면 그 결혼생활이 행복하기 힘들다. 결혼을 한 성인은 이미 돈을 쓸 수 있는 결정권자이다. 자존감이 약한 상품 구매가 계속 이어진다면 가정경제에 위험한 구매 악순환이 계속 이어진다. 전 세계의 많은 회사에서 계속 "우리 제품으로 자신의 정체성을 만들어 가세요."라고 광고를 하는데 "저희 제품 구매하세요."일 뿐이다. 어느 방송에서는 "저는 이곳에 살아요. 이런 뷰가 있는 집인데 매우 행복해요."라고 말하는 연예인을 출연시켜 시청자의 삶이 상대적으로 불행한 것으로 느끼도록 부추긴다. 남을 존중하고 자신의 자존감을 잘 지키는 사람이 출연해서 그런 이야기를 하는 경우는 찾아보기 힘들다. 많은 광고주들이 좋아하지 않을 사람의 이야기일 뿐이다. 방송 하나를 통해서 집값도 올려야 하고 자신의 상품도 완판을 해야 하는데 어떤 영양가도 없으니 원하지 않는다. 그래서 우리는 스스로 이런 내용을 필터링하는 능력을 키워야 한다. 그렇지 않으면 점점 원망만 커지게 된다. 그런데 사실 자신이 만든 결혼에 배신 당한 것이지 배우자가 배신한 것이 아니다. 필터링하는 능력이 없는 두 사람이 결혼한다면 결국 서로 배신자가 되어 소송까지 가게 되니 불행은 예고가 되었다고 볼 수 있다. 자존감을 키우자. 내 자존감을 남에게서 찾지 말자. 또 노스패딩을 입지 않기를.

결혼 전과 후의 사람의 변화

사람은 기계가 아니다. 결혼 후에도 계속 변화가 있게 된다. 모습의 변화도 있지만 생각의 변화, 성격의 변화도 있게 된다. "결혼 전에는 이러지 않았잖아. 사람이 변했어."라고 말을 하는데 실제로 그럴 수 있다. 결혼해보니 전혀 예상치 못한 일들이 벌어지는데 어떻게 이전의 모습에서 변화가 일어나지 않겠는가. "부드러운 애였는데 완전 아줌마 다 됐다니까!"라고 친구들이 말을 한다. 억척스러워졌다는 늬앙스가 들어가 있지만 억척스러움이 필요하기도 하다. 그래서 '완전 아줌마'란 단어가 부정적인 것이 아니라 삶의 변화에 맞게 잘 변하고 있다는 것을 표현하기도 한다. 변했다고 말하는 부정적인 늬앙스에는 결혼 전을 기준으로 삼았기 때문이다. 결혼 전에 비해서 바뀐 성격과 모습이 부정적으로 평가가 되는 경우가 많은데 매우 잘못된 것이다. 나이에 따라서 그 사람의 모습은 바뀌어 가야 한다. 그 나이와 시점에 맞는 성숙한 사람이 되어야 하는데 우리는 그 기준을 잘 모른다. 공자孔子의 이론 정도로 생각한다. 기준이 없다보니 주변의 이야기에 잘 휘둘리고 잘 살고 있다가도 "내 팔자야."를 수시로 외치게 된다. 요즘 사람들의 우울 지수가 높다고 하지만 사회적 요인에서만 원인을 찾을 것은 아니다. 빠르게 변하는 사회 속에서 무엇이 기준인지 몰라 헤매고 있는 것인데 유행을 따라가는 것이 기준이 될 수 없다. 나이와 시기에 맞는 기준을 갖고 있다면 사회가 아무리 빨리 변하더라도 흔들리지 않는 안정적인 가정을 이끌어 나갈 수 있다. 여기에서 공자孔子가 쓴 논어論語 위정爲政편에 나오는 글을 하나 보자.

나는 열다섯 살에 학문에 뜻을 두었고
서른 살에 세계관을 확립했으며
마흔 살에는 미혹됨이 없게 되었고
쉰 살에는 하늘의 뜻을 알게 되었으며
예순 살에는 무슨 일이든 듣는 대로 순조롭게 이해했고
일흔 살에는 마음 가는 대로 따라 해도 법도에 어긋나지 않았다.

나이와 상황에 맞게 생각이 바뀌는 것은 정상이며 안 쓰던 성격을 쓰는 것도 매우 정상적인 변화다. 정상적이고 자연스러운 변화를 초심을 잃은 사람으로 평가하는 착각의 늪에서 벗어나야 한다. 상대적으로 내가 변하지 않은 것인지 생각해보자. 성격의 변화는 <5 바뀌는 삶 - 성격의 변화>에서 더 자세하게 설명할 것이다.

사랑으로 다 된다는 생각
사랑으로 모든 것이 다 된다고 생각하는 주인공을 드라마에서 많이 볼 수 있다. 결혼하기에 너무 어린 아이 같은 두 남녀가 부모에게 결혼을 하겠다고 간절히 요청하지만 부모가 보기엔 고생문이 훤히 보이니 허락을 하지 않는다. 두 남녀는 지금 불타는 사랑으로 뭐든 못하겠냐라는 생각으로 적극적으로 결혼을 원한다. 사랑으로 다 된다는 긍정은 콩깍지일 뿐이다. 콩깍지의 원리에 대해서 정확히 알아야 한다. 콩깍지는 지극히 정상적인 감정이지만 현실적이지 않다. 착각으로 판명될 가능성이 매우 큰 감정의 장난이다. 호르몬이 사람의 판단을 객관적이지 못하게 만든다. 하지만 이런 진실을 모르는 사람 입장에서는 그 어떤 주변의 조언도 들리지 않는다. 부모는 그런 콩깍지 마술도 걸려 보았고 이후에 그것이 착각이었다는 것도 겪었기 때문에 자녀의 의견에 전혀 동의를 할 수 없다. 이 콩깍지라는 것은 현실을 제대로 보지 못하게 만드는 마약과도 같다. 영화나 드라마에서 본 멋진 장면만 골라서 기억에 머물도록 만든다. 고등학교를 졸업한 이후에 자립할 수 있는 능력을 키워주는 공교육이 없는 이상 이런 콩깍지 결혼은 100% 실패하게 되어 있다. 현실에 대한 생각이 없다보니 아이가 생기기라도 하면 어떻게 할 줄 몰라서 독박육아를 하게 되거나 아이를 버리는 일도 생기는 것이다. 만약 당신이 사랑으로 모든 것을 헤쳐나갈 수 있다는 열정으로 가득찼다면 현실적인 계획도 꼭 다져보자. 그리고 그것이 가능할지 아닐지를 신중하게 생각하자. 콩깍지는 신기하게도 결혼 후에 바로 벗겨지기 시작한다. 그전까지는 어디에서 온 힘인지 모를 정도의 강한 자물쇠로 잠겨있었는데 신기하게 결혼 후에 그 힘을 잃게 되어 스스로 열리게 된다. 바로 이어서 결혼을 한 것에 대한 후회감, 그리고 배우자에 대한 원망도 따라 오게 될 수 있다. 한 때의 확신에 찬 결정이 허상이라는 것을 느끼게 만들어준다. 그러니 강한 사랑을 할수록 더 주의하자.

사랑으로 된다고 긍정적으로 생각하는 사람은 매사에 감정적인 판단을 내릴 가능성이 크다. 감정을 스스로 잘 다스리지 못하면 충동적이게 되며 그릇된 판단을 할 가능성이 크다. 중요한 판단을 할 때에는 감정 사용을 의도적으로 줄일 필요가 있다. 맛집이라는 소식을 듣고 찾아가서 먹을 때에는 감정을 주로 사용하게 된다. 기대를 증폭시켜서 먹었지만 기대에 미치지 못하면 아쉬움이 크게 남는다. 더 많은 사전조사를 하지 않았기에 맛집 선택에 실수를 했고 그것은 감정을 주로 사용했기 때문에 그렇다고 볼 수 있다. 맛집 광고를 보면 다 감정적으로 결정하게 만들도록 사진에 집중하는 것도 그 이유 때문이다. 하지만 맛집 선택의 실수는 다시 방문하지 않는 것으로 결론을 낼 수 있다. 결혼은 그와 같지 않다. 연쇄반응으로 여러가지 일들이 쏟아진

다. 사랑으로 모든 것이 된다고 생각했지만 되지 않으니 그에 따른 모든 책임을 감당해야 한다. 이렇게 말을 한다고 너무 로맨스가 없다고 생각하지 않기를 바란다. 로맨스는 현실을 제대로 받아들일 때 누릴 수 있는 보상이다.

감정적인 판단을 하는 비슷한 사례로 조건을 보지 않는다고 말하는 사람들이 있다. 이 말은 마치 "난 사람의 중심이 중요하지 그 사람의 외모와 재산, 학벌은 보지 않아."라고 말하는 것처럼 보인다. 물론 그런 생각으로 말하는 사람도 있지만 그 외의 사람도 있다. 결혼은 매우 중요한 결정이다. 그 결정에서는 따져볼 것들이 많다. 마트에서 과일 하나를 살 때에도 외관 상태가 괜찮은지 훑어보고 주인에게 실제 맛은 어떤지 물어보기도 하는데, 평생 함께 살 사람을 선택할 때에는 조건을 왜 따지지 않는가. 이왕이면 멋진 외모의 사람을 선택하는 것도 이상한 일이 아니며, 온전한 정신을 갖고 있는 사람인지 알아보는 것도 특이한 것이 아니다. 조건을 보지 않는 사람이라고 말하는 것은 무감각한 사람임을 스스로 증명하는 것이라고도 할 수 있다. 따져보지 않고 상한 과일을 구입한 것처럼 문제가 되는 배우자와 결혼하게 될 수 있다. 자본주의에 중독된 조건을 보지 않는다고 하는 것은 이해되지만 그 외의 것들은 심사숙고해서 따져봐야 한다. 이혼율이 점점 늘고 있다. 대부분 성격차이라고 하는데 오랜 기간 함께 지내더라도 맞추기 힘든 성격을 최소한 어느 정도는 서로 맞는지 아닌지를 점검해봐야 하지 않을까. 결혼할 사람이 자신만 좋아해주면 다른 조건을 보지 않는다고 말하는 사람은 나중에 큰 문제를 겪게 될 가능성이 크다. 여기에서 '나만 좋아해주면'이라는 조건이 문제가 된다. 결혼은 남녀 두 사람의 결혼이지만 그 두 사람은 달나라에서 아파트 분양받아 사는 것이 아니다. 각각 연결되어 있는 사람들이 있다. 부모도 있고 형제들도 있으며 친한 지인들도 있다. 심지어 채무자까지 연결되어 있는데 이때 '나만 좋아해주는'이라는 조건은 이런 관계를 신경쓰지 않겠다는 것이다. 이후에 주변 사람들과 어떤 문제가 발생하면 "난 몰라. 나 고생시키지 않는다고 했으니 알아서 해."라고 말하겠다는 것과 같다. 가정에서 벌어지는 어떤 어려움을 함께 헤쳐 나갈 수 없는 사람이다. 집요하게 따져야 할 필수조건도 있다는 것.

만나기 위한 방법

자연스러운 만남

가장 전통적이면서도 자연스러운 방법은 지인 중에서 선택하는 것이다. 인생을 살면서 셀 수 없는 많은 사람들을 만나게 된다. 물론 그 사람들 중에서 모든 이성이 나의 결혼 상대가 되는 것은 아니다. 반대 성별인 사람들 중에서 미혼자로 좁혀지고 호감이 가는 사람들로 더 좁혀진다. 최종 교집합의 사람들 중에서 나에게 거부감이 없는 사람으로 더욱 좁혀진다. 그런데 그것을 과학적으로 파악하기 힘들 뿐만 아니라 파악하다가 세월을 많이 허비하게 된다. "난 아직도 인연을 못 만난 것 같아. 도대체 어디에 있을까?"란 생각으로 계속 기다리다가는 적정 시점을 훌쩍 넘기게 된다. 너무 넘겼다는 생각으로 결혼을 서두르게 된다. 그래서 나에게 가장 잘 맞는 사람을 찾는 것이 아니라 최소 조건만 맞으면 결혼해야 겠다고 결심한다. 이럴 거였으면 처음부터 눈높이를 좀 낮춰 더 괜찮은 사람을 만나는 전략이 나을 수 있다. 다음 페이지의 그래프를 살펴보자. 나이에 따른 상대의 조건 요구와 결혼 가능성을 표시한 것이다.

나이 30을 전후로 해서 가장 많은 요구를 따지게 되는데 그때의 결혼 가능성은 최고가 아니다. 왜냐하면 모든 30대가 가장 많이 요구하기 때문이다. 최고점이 되는 시점을 지나게 되면 요구를 서서히 낮추고 결혼 가능성은 점점 높아지게 된다. 여기에서 말하는 가능성은 나에게 가장 잘 맞는 사람과 결혼할 가능

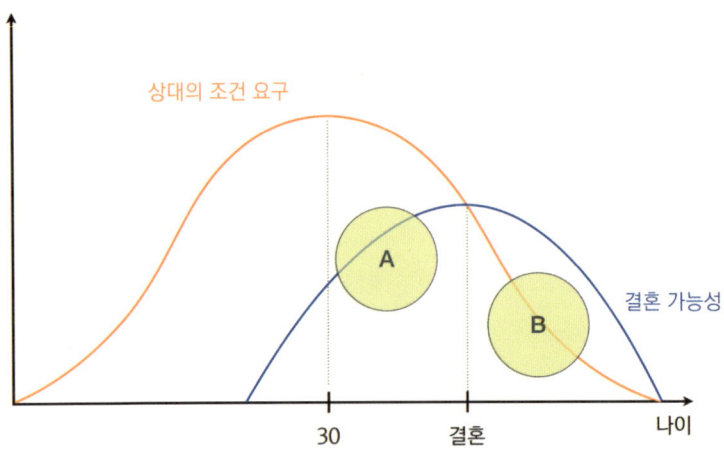

성이 아니다. 요구수준을 낮추기 때문에 상대적으로 높아지는 가능성일 뿐이다. A라고 표시된 30과 결혼 시점 사이에 결혼을 하는 것이 가장 이상적이다. A를 지나 B라고 표시된 결혼 시점 이후에는 A에서 보다 결혼하기 쉽다. 결혼 가능성에 비해서 상대의 조건 요구가 더 낮아지기 때문이다. 만약 이때에도 요구가 높은 사람은 B에서 결혼을 하지 못하게 되어 비혼이 될 수 밖에 없다.

좀 더 젊은 나이에 어느 정도 괜찮은 사람과 결혼하기 위해서는 요구를 낮추면 된다. 전략적으로 볼 때 그것이 훨씬 나을 수 있다. 하지만 이 방법을 택하지 않는 이유는 시간이 지나다보면 괜찮은 사람이 나타날 거라는 기대를 갖기 때문이다. 하지만 결과를 보면 절대로 그렇지 않다. 좋은 사람을 영원히 놓치게 되기도 한다.

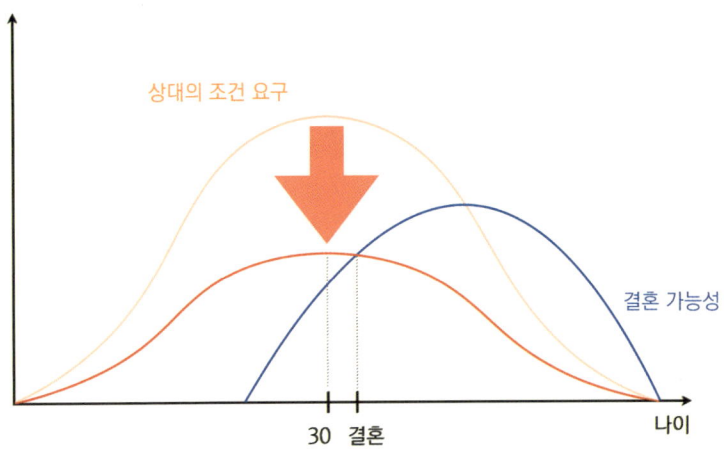

소개받기

소개받는 방법도 있다. 알고 있던 지인 중에서 선택하는 것이 아닌 다른 사람의 지인을 소개받는 방식이다. 이 방식은 소개를 시켜주는 지인을 전적으로 믿을 수밖에 없다. 물론 만나보면서 상대를 확인해 가겠지만 그래도 어느 정도 믿고 만남을 시작하는 것이다. 이때는 소개를 시켜주는 사람의 안목이 매우 중요하다. 두 사람의 스타일과 욕구를 다 파악하는 수준의 통찰력을 갖고 있는 사람이어야 한다.

이런 방식의 소개를 좀 더 전문적으로 하는 곳이 있다. 어느 날부터 많은 결혼정보회사의 광고들이 눈에 띈다. 과연 저런 곳을 통해서 결혼을 하는 사람이 있을까 의문이 들기도 하지만 오히려 효율적인 방법일 수도 있다. 결혼할 상대를 스스로 찾지 못하는 무능력자들이 이용하는 곳이라는 선입견을 갖고 있을 수 있다. 하지만 그것은 선입견일 뿐이다. 더 적합한 사람을 효율적으로 만나기 위한 능력자들이 이용하는 곳이 되고 있다. 주변 지인의 소개보다 더 발전된 추천 시스템을 갖고 있고, 더 많은 회원을 보유하고 있다. 돈을 받고 배우자를 소개해주는 것인데 개인의 추천과는 달리 조건에 맞는 적합한 대상을 소개해준다. 개인의 추천은 그에 비해 주관적이고 감정적이지 않은가. 이 부분에 대해서는 〈3 결혼정보회사〉에서 자세히 설명한다.

3

결혼정보회사

중매쟁이 압구정 중매쟁이 | 중매쟁이 일의 시작 | 결정사로의 변신

제도 성혼사례비와 가입비 | 세 가지 제도

국제결혼정보회사 국제결정사의 등장 | 국제결정사의 문제점

대형화

몰락 시장의 4단계 | 연예인 등장 | 투자 제안 전략 | 결혼 수요의 감소 | 온라인의 등장 | 증가하는 마케팅 비용 | 1등

커플매니저 결정사 결정 요인 | 회사의 매니저 육성시스템 | 매니저의 경력

이용자 시간 효율성 | 잘못된 만남으로 인한 리스크 제거

결혼정보업체를 통해서도 결혼 못하는 사람들 빨리 결혼? | 높은 눈높이 | 어머니의 개입

가입 가입 조건의 까다로움 | 일반회사와 노블회사

골드미스와 골드미스터 여자보다 기회가 많은 남자 | 포기할 것과 따질 것 선택

중단하는 고객

등급 낚시성 등급 키워드 | 무의미한 등급 | 비난받는 등급

학력과 능력

중매쟁이

압구정 중매쟁이

전 세계적으로 중매의 목적은 비슷하다. 좋은 사람을 소개시켜 주는 것인데, 그 소개의 목적은 이왕이면 원하는 사람을 소개시켜 주는 것이다. 그리고 원하는 사람의 조건으로 따지는 것들은 신분 상승을 가능하게 해주는 성격이 강하다. 그 조건이 충족된 상태에서 둘 간의 사랑을 만들어 간다. 아직 만나지도 않은 사람들의 사랑을 예측하는 것보다 신분상승의 결과를 예측하는 것이 훨씬 쉽다. 지금은 중매라는 방식을 선택하는 비율이 많이 줄어들었다. 그래서 중매로 결혼을 했다고 하면 '옛날사람' 느낌을 강하게 풍긴다.

한국에서 중매쟁이들이 열심히 활동을 했던 시기와 지역이 있었다. 근대화가 이루어지고 강남이 개발되면서 돈 냄새를 맡고 많은 사람들이 강남으로 모여들었다. 강남의 압구정은 새롭게 부자가 된 사람들이 거주하는 곳이 되었고 그들의 결혼을 책임질 중매쟁이들도 자연스럽게 압구정으로 모여들게 되었다. 지금 결혼정보회사들이 압구정에 많은 이유도 그 당시 중매쟁이들이 거점을 삼았기 때문이다.

중매쟁이 일의 시작

'중매쟁이'라는 명칭은 정식 직업명이 아니었다. 초기 중매쟁이들은 따로 자신만의 직업을 갖고 있는 사람들이었다. 부동산 중개업, 보험회사, 증권사에서 중개 영업을 하는 사람들이 중매를 서는 경우가 많았다. 그 당시 상황을 살펴보면 1980년대는 우리나라의 경제가 초고속 성장기에 들어섰던 때이고, 무슨 일이든 뛰어들면 돈을 벌 수 있었던 시기라고 말을 했다. 그러다 보니 넉넉한 자본이 있는 강남의 압구정 주부들은 부동산·주식·보험 등 재테크에 관심이 많았으며, 부동산 중개업체·증권사 객장·보험사에 자주 방문을 했었다. 그곳에서 일하던 담당자는 결혼 적령기結婚適齡期의 자녀를 둔 경제적으로 여유있는 고객들과 깊은 정보를 나눌 수 있었고, 이 인적 인프라가 결국 중매쟁이의 일을 할 수 있도록 만들었다.

결정사로의 변신

남아 선호 사상男兒選好思想이 성비 불균형을 만들었고, 이것은 결혼할 상대를 국내가 아닌 해외에서 찾게 만들었다. 이런 사회 문제가 중매쟁이들에게는 호재가 되었다. 이들은 지인들을 연결해주는 수준을 넘어 해외의 이성을 소개시켜주는 전문 브로커로서의 역할까지도 하게 되었다. 더이상 '쟁이'란 단어로만 부를 사람이 아니라 전문 컨설턴트로 변신을 하고 있었던 것이다. 이때 강남 중매쟁이들은 어떤 변화를 맞이하고 있었을까. 전업 중매쟁이들은 회사라는 모양으로 변신을 꾀하고 있었다. 중매쟁이들이 모여서 공동사무실을 운영하고, 직원을 채용하여 전문회사로 문을 열기도 했다. 이 시점부터 '중매쟁이'라는 명칭보다는 '결혼정보회사'간단히 줄여 '결정사'로 표현로 말하는 것이 더 적합하게 되었다. 더 이상 개인의 인프라에 의존하던 중매쟁이가 아니다. 이제는 결혼에 관심있는 많은 고객을 끌어들여야 하는 환경으로 변한 것이다. 과거 입소문과 소개에 의존했던 구조에서는 사무실의 위치는 중요하지 않았고, 회사의 홍보는 필요하지 않았다. 하지만 결정사는 회사 자체를 대중에게 알려야 했다. 그래서 큰 대로변에 사무실을 내고 커다란 간판을 달기 시작했으며, 각 대학과 회사의 직원 명부를 활용하여 회사홍보에 열을 올리기 시작했다. 타겟도 달라졌다. 과거에는 강남권을 중심으로 상류층·전문직 결혼을 전문으로 했다면 이제는 결정사를 필요로 하는 전국이 활동무대가 되었다.

제도

성혼사례비와 가입비

과거에는 성혼成婚사례비가 중매쟁이의 주요 수익이었다. 예단禮緞비용을 기준으로 성혼사례비가 정해졌는데 '예단비용의 몇 %' 이런식으로 책정되었다. 부자들이 결혼할 때 그 예단비용은 적지 않았고 이것을 기준으로한 성혼사례비는 매출을 삼을 수 있을 정도가 되었다. 하지만 서민 고객의 경우 예단비용이 높지 않기 때문에 성혼사례비로 큰 수익을 얻을 수 없었다. 그래서 성혼사례비가 아닌 가입비를 받는 구조로 변화하게 된 것이다. 성혼사례비에서 가입비로 수입 방식이 변화하게 된 또 다른 이유도 있었다. 성혼사례비를 받던 구조에서는 수입이 정확히 이루어지는 시점을 예측하기 어려웠다. 하지만 가입비로 전환을 한 후로는 파악이 가능해져 회사의 현금흐름을 관리할 수 있게 되었다.

세 가지 제도

가입시 보통 기간제, 횟수제, 성혼제 중에서 하나를 선택하게 된다. 기간제의 경우 약정 기간 동안 횟수에 상관없이 매칭을 받게 되는데 결혼할 사람이 나타날 때까지 만날 수 있다. 그래서 횟수제에 비해 비쌀 수밖에 없다. 이런 서비스는 보통 '노블회사'^{까다로운 조건의 사람들을 연결해주는 결정사}에서 이루어지는 제도다.

횟수제는 기간에 상관없이 약정한 매칭 횟수를 제공받는 서비스다. 가격은 저렴한 편이며 '일반적인 회사'^{모든 조건의 사람들을 소개시켜주는 결정사}에서 주로 운영하는 제도다.

성혼제는 계약기간이 끝난 후에도, 계약된 횟수를 초과해도 계속해서 매칭을 약속하는 상품이다. 이 상품은 공정거래위원회 표준약관이 보호해주지 못하는 상품이다.

위 세 가지 제도 중 무엇으로 가입을 하더라도 환불이나 취소, 소비자 보호에 대한 약관을 꼭 확인하고 설명을 요청해야 한다.

국제결혼정보회사

국제결정사의 등장

결정사의 대중화는 또 다른 형태의 회사를 만들어냈다. 바로 '국제결혼정보회사'간단히 줄여 '국제결정사'로 표현다. 1990년대 남초 현상男超現象이 만들어 낸 성비 불균형이 가장 심각했던 곳은 바로 농어촌이었다. 경제구조의 변화로 젊은 사람들의 도시로의 이동은 이미 1980년대부터 발생한 문제였다. 여성의 농어업 종사자와의 결혼을 기피하는 사회문제도 나타났다. 이 틈을 파고든 시장이 바로 국제결혼정보 시장이다. 국제결정사는 농어촌을 기반으로 빠르게 시장을 형성했다. 여성들의 농어촌 기피로 인한 농어촌의 노총각 문제를 해결할 수 있다는 점에서 긍정적인 기여를 한 부분도 있지만, 여러 가지 사회적 문제를 야기하기도 했다.

국제결정사의 문제점

대부분의 국제 결혼은 노총각이 해외로 나가 신부감을 확인하고 현지에서 결혼하여 국내로 들어오는 프로세스로 진행되었다. 이 과정에서 정식 혼인신고를 하여 외국인 신부도 내국인과 동일한 대한민국 국민으로 인정받게 된다. 문제는 이후에 벌어졌다. 코리안드림Korean dream을 안고 한국에 온 신부가 도망가는 일이 발생한 것이다. 이것은 부적절한 신부를 연결한 결정사의 책임이라고 할 수 있지만, 문제가 발생한 후에 소비자를 보호

할 장치가 없었던 것이 더 큰 문제였다. 이밖에도 문화적 차이를 이해하지 못해 갈등이 심화되어 폭행을 당하는 외국인 신부들이 이슈가 된 적도 많았다. 이후에 결혼정보사업은 등록제가 아닌 신고제로 바뀌게 되었고 계약에 있어 표준약관이 채택되는 등 소비자 보호 장치가 보완되었다.

대형화

몇몇 마음맞는 커플 매니저들이 모여서 공동사무실을 운영하거나 직원을 채용하여 소규모로 영업을 하던 결정사 시장에 '공룡회사'가 등장했다. 이 공룡은 이전의 결정사와는 스케일부터가 달랐다. TV 광고를 하는 것은 물론 공중파 TV 프로그램을 공동으로 제작하기도 했다. 빠르게 인지도를 만들면서 등장한 공

롱 회사의 이름은 바로 '듀오'다. 전국민이 한번쯤은 지하철이나 방송을 통해서 광고를 보았을 것이다. 듀오는 MBC 사랑의 스튜디오의 제작지원을 시작으로 빠르게 인지도를 확보하게 되었다. 듀오의 공격적인 마케팅은 당시 업계 인지도 1위였던 '선우'를 밀어내기도 했다. 대형 결정사가 탄생하게 된 것이다.

몰락

시장의 4단계

눈치가 빠른 사람이라면 '몰락'이라는 단어를 보고 '과도한 확장'을 눈치챘을 것이다. 무리하게 확장하면 몰락하는 것은 거의 공식과도 같다. 어느 업종이든 돈이 된다고 하면 우르르 몰려들어 경쟁이 과열된다. 마케팅에서는 이를 제품수명주기 PLC :

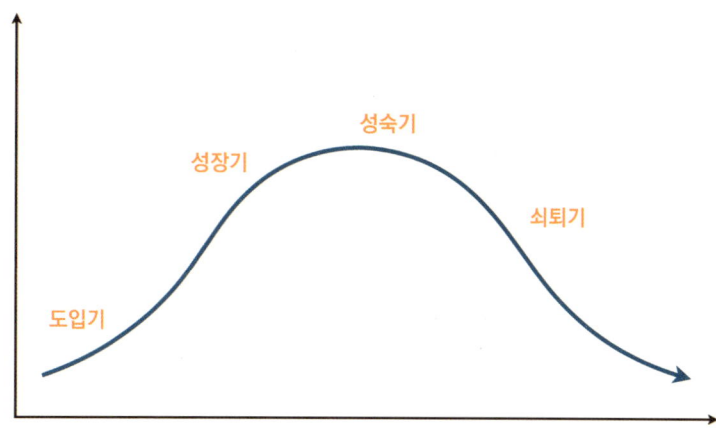

product life cycle라고 하는데, 이와 관련된 이론에 따르면 시장은 도입기를 거쳐 성장기, 성숙기, 쇠퇴기에 들어가게 된다. 전업 중매쟁이의 등장과 합동사무실의 등장을 도입기로 본다면, 대중회사의 등장과 대형사의 등장을 성장기로 볼 수 있다. 성숙기는 본격적인 업체간의 경쟁이 시작된 시기로 볼 수 있는데 이때 각종 결정사가 우후죽순 생겨났고, 매스미디어를 통한 광고경쟁이 시작되었으며, 유명 연예인을 활용하여 광고를 한 회사들이 등장한 시기가 바로 이 시기라고 할 수 있다. 이후에 과도한 경쟁으로 매출도 줄고 사라지는 업체가 등장할 때를 쇠퇴기라고 할 수 있다.

연예인 등장

성숙기에서 연예인이 등장한 내용을 살펴보자. 한국 사회에서 연예인을 활용하는 효과는 무엇일까? 광고에 등장하는 연예인이 주는 이미지는 단순히 관심을 끄는 효과를 넘어 브랜드에 신뢰를 주며 그것은 매출로 이어진다. 회사 광고에 연예인을 등장시켜 '직접 운영하는 회사', '직접 참여하는 회사'라는 이미지를 알리는 경우가 있다. 이 또한 연예인이 주는 신뢰의 이미지를 활용한 것이다. "TV에 나오는 사람이 운영하고 참여하는 회사인데 설마 소비자에게 피해를 주겠어?"라는 생각으로 고객들은 안심하고 계약을 한다. 상품의 품질이나 서비스의 차별화가 어려운 업종의 경우 이러한 스타 마케팅은 종종 효과를 톡톡히 본다.

투자 제안 전략

연예인들은 자신이 출연하는 프로그램이 히트를 치게 되면, '광고 제안'보다 더 많이 들어오는 것이 '투자 제안'이라고 한다. 갓 뜬 연예인의 이미지를 활용해 제품의 신뢰를 높이고자 하는 것인데, 단순히 광고를 넘어 투자까지 제안하게 되는 것이다. 하지만 제품의 불량이 논란이 되어 광고를 한 연예인의 이미지까지 함께 손상을 받아 소송까지 이어지는 경우도 종종 보게 된다. 결정사도 마찬가지다. 우후죽순으로 늘어난 결정사도 차별화의 시도는 연예인의 활용이었다. 이들 결정사들은 연예인을 내세운 광고를 넘어 운영자로 내세우는 마케팅까지 구사했다. 그 이면에는 유명 연예인의 모델료라는 부분이 부담으로 작용했을 수도 있지만, 당시로 봤을 때는 연예인이 가지는 이미지를 100% 활용하는 아주 과감한 투자 전략이었다. 결정사들은 주로 중년 이상의 어머니 이미지를 갖춘 연예인들을 홍보로 섭외

했다. 웨디안 대표로 홍보했던 연극배우 손숙, 업계 3위까지 성장했던 닥스의 엄앵란, 이 두 사람이 대표적인 사례라고 할 수 있다. 이 밖에 바로연의 CMO로 소개되는 이무송도 결정사 경영자로 소개된 사례다.

결혼 수요의 감소

본격적인 저성장기에 접어든 2,000년대 이후 실업률의 증가는 아이러니하게도 결정사의 홍수를 만들어냈다. 실업률이 커지면 결혼하는 사람들이 줄어들어 결혼정보업의 쇠퇴를 가져올 것 같지만 오히려 반대였다. 취업이 안되니 '취집'_{시집가는 것으로 취업한다는 신조어}이 뜬 것이다. 부유한 집안에 시집가는 것이 더 낫다는 풍조가 결정사의 수요 증가를 가져왔다. 하지만 이것도 일시

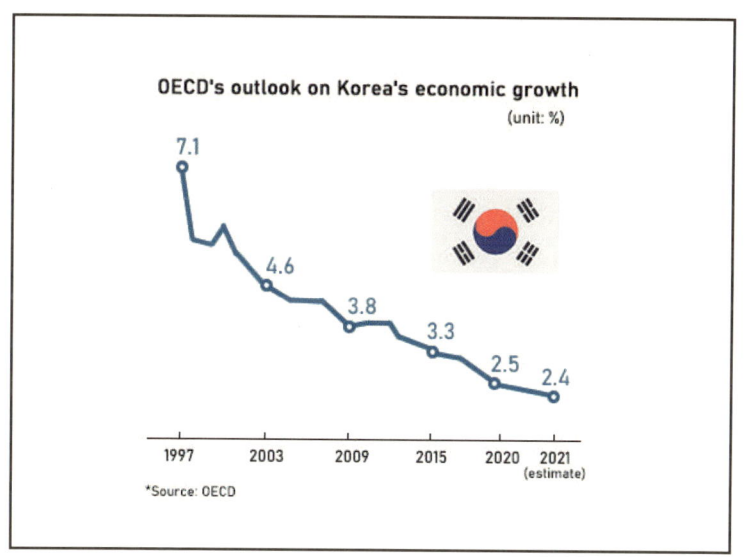

몰락

적인 현상이었다. 가장 큰 문제는 저성장으로부터 시작했다. 결혼 수요가 감소한 것이다. 늘어난 업체만큼 시장의 규모도 커져야 업계가 전체적으로 성장하게 되는데 경기의 악화는 결혼 수요를 감소시켰다. 예전에는 결혼 적령기가 지나도록 결혼하지 않는 사람을 바라보는 인식이 좋지 않았다. '좀 부족한 사람', '능력없는 사람'으로 바라보았다면 이제는 그런 인식은 사라졌다. 이런 인식의 변화도 결혼에 대한 필요성을 감소시키는 요인으로 작용했다. 경쟁업체는 늘어만 나는데 시장의 수요가 감소하니 업계는 당연히 어려워질 수밖에 없다. 이때 각 업체는 살아남기 위해서 경쟁의 강도를 높이지만 그 역시 망하는 속도를 빠르게 만들 뿐이다.

온라인의 등장

결정사를 이용한다고 하면 두 가지를 우려를 하게 된다. 돈주고 사람을 소개받을 만큼 한심하다고 생각할거라는 우려와 결정사를 통해 신분상승을 노린다는 속물로 생각할거라는 우려다. 그래서 결정사를 이용하는 고객들은 보통 남모르게 서비스를 이용했다. 이런 서비스의 이용을 주변에 말할 수 없었고 그래서 관련된 정보를 얻을 수도 없었다. 이때 온라인의 등장은 이러한 정보를 접할 수 있는 문을 활짝 열어주었다. 하지만 이 문이 결정사 이용을 돕기만 한 것은 아니다. 결정사에 관련된 소비자의 불만의 글이 하나 둘씩 나타나기 시작했다. 온라인 상에서 고객의 불만의 글 하나가 그 업체 전체가 문제가 있듯이 보이도록 하는 것은 시간문제였다. 이때 경쟁 업체도 이 불만의 글을 무기 삼아 더 큰 폭탄을 만들어냈다. 하지만 소비자들은 그 업체만을 문제삼는 것이 아니라, 결정사 업계 전체에 대한 불신을 갖게 된다. 결국 이 불신은 결정사 이용을 감소하도록 만들었다.

증가하는 마케팅 비용

결정사는 2020년 기준 전국에 1,000여개 이상이 존재한다. 결정사가 이처럼 우후죽순 생겨날 수 있었던 이유는 감독기관의 부재로 인한 낮은 진입장벽 때문이기도 했다. 이렇게 생긴 많은 업체들은 더 많은 신규고객을 유치하기 위해 마케팅에 열을 올리기 시작했다. 유명 연예인을 활용하는 방법, 지역기반의 홍보, 주요 매스 미디어를 활용한 광고, 전단지, 명함을 통한 불법 홍보물까지 이들의 경쟁은 치열하게 과열되고 있었다. 온라인이 주요 홍보매체로 등장하게 되면서 검색광고는 모든 업종에서 적극적으로 활용하는 광고방식이 되었다. 통상 마케팅 비용과 R&D 비용은 기대 매출을 고려한 ROI 산출을 통하여 산정되게 된다. 그런데 결정사의 마케팅 비용 산출은 이러한 회계학적 판단 지표를 따르지 않고, 회사 대표의 독자적 판단에 의해 집행된다. 이는 전체적인 마케팅 비용의 상승을 가져왔다.

입찰 체계로 진행되는 검색광고는 더 많은 사람에게 자사브랜드를 홍보하겠다는 일념 하에 클릭당 만원이 넘는 비용을 투여하게 되었고, 이는 전체 수익구조에 악화를 가져왔다. 이런 과도한 마케팅 비용의 투여는 소비자에게 제공할 서비스 개발에 투여되어야 할 R&D 비용의 감소를 가져오는 결과를 가져왔다. 이런 것들이 악순환되어 어느 순간 몰락을 가져오게 된 것이다. 한때 잘 나가던 결정사들 중 일부는 다른 회사에 흡수되거나 폐업을 하게 되었다.

1등

유명 연예인을 활용하여 신뢰감을 주는 마케팅 외에 '1등'이라는 광고를 통해서 손님을 유혹한다. 그런데 여기저기 다 자신이 1등이라고 광고를 하니 도대체 그 말이 사실인지 의심이 간다. 자세히 살펴보면 그 1등의 조건이 각자 다르다. 1등이 될 수 있는 조건을 만들어 그것을 강조하고 있는 것 같다. 그 1등의 내용을 보면 '인터넷 검색량을 조사하는 사이트에서 자사를 검색한 수가 가장 많은 1등', '상류층 결정사 중 1등', '결혼 성사한 결과 전문직 비율이 1등'처럼 1등들은 계속 쏟아져 나왔다. 하지만 동일 조건으로 여러 결정사의 결과를 제대로 비교한 적은 단 한 번도 없다. 왜냐하면 각 회사는 자신들의 결과를 절대로 밖으로 내놓거나 공유하지 않기 때문이다. 1등이라는 단어가 정말 무분별하게 사용되는 것이다. 이 1등이라는 광고들은 여러 차례 공정거래위원회로부터 허위과장광고로 판정받아 과징금을 받았다. 하지만 과징금 징계에도 불구하고 여전히 업체들의 1등 마케팅은 계속 진행되고 있다. 이 역시 1등이 주는 신뢰감 때문에 포기하지 못하는 것이다. 1위라는 표현은 자사의 이용자

수가 많다는 것을 의미하고, 믿을 수 있다는 신호를 소비자에게 준다. 대부분의 결정사들이 실체가 없을지라도 1등을 만들어 알릴 수 밖에 없는 현실이다.

커플매니저

결정사 결정 요인

상류층, 전문직 고객이 결혼할 때 혼수는 어떻게 준비해야 하는지에 대한 기준을 만든 자들은 중매쟁이들이다. 혼수의 규모가 곧 본인의 성혼사례비가 되기 때문에 적절한 수준으로 비용을 정하는 것은 중매쟁이에게 매우 중요한 일이 되었다. 혼수 부담 때문에 괜찮은 집안과 결혼하는 것을 포기하지 않도록 설득하는 일은 중매쟁이에게 가장 중요한 업무라고 할 수 있다.

중매쟁이가 했던 이런 일을 이제는 결정사의 커플매니저가 담당한다. 인터넷에서 결정사를 검색해보면 생각보다 많은 업체들이 뜬다. 고객은 보통 무엇을 보고 결정사를 선택할까? 그것은 아마도 통화를 한 커플매니저의 상담 능력일 것이다. 몇 군데 커플매니저와 상담을 해보면 실력차이가 난다는 것을 느끼게 된다. 동일한 매칭을 해주더라도 매니저의 상담실력에 따라 만족도는 하늘과 땅 차이가 된다. 고객은 회사만 믿고 결정하는 것이 아니라 꼭 커플 매니저와의 상담을 진행한 후에 결정을 한다.

회사의 매니저 육성 시스템

커플매니저를 비교하는 과정보다 선행되어야 할 것은 회사를 확인하는 것이다. 그 회사의 매니저 육성 시스템을 살펴봐야 한다. 어떤 회사든지 고객을 담당하는 직원에게 교육을 하지 않는 회사는 전문가를 보유하고 있을 확률이 매우 낮다. 결정사의 매니저는 상담 실력부터 어울리는 짝을 알아보는 능력까지 매우 중요한 기술을 필요로 한다. 매니저 육성에 힘쓰는 회사를 발견한 후에 매니저의 능력을 확인하는 것이 맞는 순서다.

매니저의 경력

매니저의 능력 중 경력을 확인하자. 결정사에 상담을 받으러 가면 매니저와 상담을 시작하게 된다. 대부분의 매니저들은 회사에 대한 소개를 하고, 본인이 어떻게 매칭을 도울지에 대한 이야기를 한다. 이어서 이상형은 어떻게 되는지 세세한 부분에 대한 질문을 시작된다. 그리고 나서 가입을 권유한다. 가입 전에 통화를 한 매니저를 믿고 함께 할 수 있는지 살펴야 한다. 그 확인을 위해서 매니저의 경력이 얼마나 되는지 확인하자. 경력이 오래된 매니저는 경험이 말해주는 노하우를 갖고 있다. 10년차 정도 되는 커플매니저들은 대개 100커플 이상 결혼을 성사시켜 보았을 것이다. 그 과정 가운데 만남의 시작, 교제할 때의 갈등 해결, 결혼 준비 과정 등 많은 일을 겪는다. 때로는 중재자, 때로는 조언자의 역할을 하게 된다. 커플 매니저는 단순히 소개만 해주는 사람이 아니라 최종 결혼까지 고객을 이끌고 나가는 조력자라고 생각하면 된다. 그래서 이왕이면 경력이 오래된 매니저와 상담을 하는 것이 좋다. 만약 회사에서 지정한 매니저의 경력이 비슷비슷하다면 해당 매니저를 관리하는 관리자급의 공동관리를 요청해야하며, 해당 관리자와 함께 상담받는 것도 경력이 많은 매니저에게 관리받는 방법이다. 까다로운 고객이라고 생각하겠지만 결혼이라는 큰 결정을 하는데 이 정도의 까다로움은 필요할 수 있다. 그리고 실제로 이런 요청을 하는 고객이 있다.

이용자

결혼정보회사를 이용하는 이유를 결혼을 하지 못한 무능력 때문이라고 생각해서는 안 된다. 오히려 정반대로 결혼을 더 잘하기 위한 사람들이 이용하고 있다. 그들이 이런 회사를 이용하는 이유는 크게 두 가지로 볼 수 있다.

시간 효율성
주변 사람들 중에서 누군가를 선택해 최종 결혼까지 가는 데에는 굉장히 많은 시간이 걸린다. 최소 2년 이상의 시간이 걸리고 그 가운데 여러가지 지출과 갈등이 발생한다. 하지만 결정사는 처음부터 결혼을 전제로 만남을 주선해주기 때문에 당사자들은 많은 시간을 단축할 수 있다. 평균 1년 이내에 결혼이 이루어지니 시간 효율성의 효과는 너무나 크다.

잘못된 만남으로 인한 리스크 제거

처음부터 검증된 상대를 만날 수 있다는 점도 매우 큰 장점이다. 고객이 결정사에 가입을 할 때 수많은 서류를 제출해야 한다. 여러 서류 중에서 직업, 학력에 대한 증명서보다 더 중요하게 여기는 것은 바로 가족관계증명서와 주민등록등본이다. 그 이유는 혼인여부에 대한 확인이 중요하기 때문이다. 결정사 이용이 아닌 만남에서는 이런 정보는 내가 직접 만나 조심스럽게 확인해야 한다. 하지만 결정사는 이것들을 미리 확인해주니 잘못된 만남이 될 확률은 낮아지고, 이 또한 시간 효율성과도 연결된다.

결혼정보회사를 통해서도 결혼을 못하는 사람들

많은 결정사들이 홍보하는 문구 중에 '1년 내 성혼 커플 00%'라는 것이 있다. 이 문구는 성혼한 커플 중 1년내 성혼 커플의 비율을 의미하는 것이지, 성혼이 이루어지지 않은 전체 회원을 대상으로 하는 데이터는 아니다. 어쨌든 결정사를 통해 결혼하는 커플 중 대부분이 1년 이내에 결혼을 결정하게 된다. 결혼을 전제로 만나기 때문에 통상적인 연애를 통해 결혼하는 사람들보다는 결혼 결정이 빠를 수밖에 없다. 문제는 결정사를 통해 만남을 갖는데 결혼이 성사되지 않는 사람들이다. 숙련된 노하우를 가진 매니저와 다양한 인력풀이 있는 결정사를 통해서 인연을 만나지 못할 확률은 극히 희박하다고 말할 수 있는데, 그럼에도 불구하고 결혼에 성공하지 못하는 고객이 있다. 무슨 이유가 있을까?

빨리 결혼?

결정사를 통해서 소개받은 사람과는 빨리 결혼을 결정해야 한다는 고정관념을 갖고 있는 사람들이 있다. 하지만 결정사를 통한 만남도 연애를 필요로 한다. 결정사의 회원들은 단지 결혼을 전제로 만남을 하는 것이지, 연애 감정까지 포기하는 것은 아니다. 연애의 기간이 생략될 수 없다. 사람의 감정이 그렇게 쉽게 논리적으로 연결되지 않는다. 어디까지나 연애 감정이 싹터서 발전해야 결혼까지 발전할 수 있다. 소개받은 사람과 몇차례 만남 후에 또 다른 사람을 만나보는 것도 반드시 필요하다.

높은 눈높이

과거에 비하면 결정사를 통한 결혼 성사는 많이 어려워졌다. 몇 가지 이유가 있겠지만 그중 가장 두드러지는 이유는 사람들의 눈높이가 높아졌기 때문이다. 특히 여성쪽이 심하다. 결혼정보회사의 커플매니저들은 한결같이 여성들이 기대치를 낮추면 성혼이 훨씬 쉽게 된다고 말한다. 매니저들은 항상 이러한 내용을 소비자들에게 조심스럽게 설명한다. 남자쪽에서 호감을 갖고 연락을 하기도 전에 여자쪽에서 만나기도 전에 거절하는 경우가 많다고 한다. 여성회원들은 남자의 능력에 대하여 경제력, 외모, 의사소통 능력 등 여러가지가 모두 갖춰진 사람을 원하는 경향이 강하다. 이러한 눈높이를 갖고 있는 여성은 결정사가 아닌 그 어떤 곳에서도 결혼할 상대를 만나는 것은 쉽지 않다. 눈높이가 높은 사람은 결정사의 소개를 거절할 가능성이 매우 높다. 이런 상태가 반복된다면 본인의 매칭전략에 대해 커플매니저와 진지하게 논의하는 것이 필요하다. 생각하는 이상형이 어떻고 기존에 만남을 하였던 사람들은 어땠었는지 구체적으로 논의할 필요가 있다.

어머니의 개입

하나 또는 둘 정도의 자녀가 대부분인 요즘, 부모님은 자녀 결혼에 관심이 무척 많은 편이다. 그 관심은 자녀에 대한 높은 기대치를 만든다. 자녀가 원하는 상대와 만남을 하게 되더라도 그 부모님이 만족하지 못하여 문제가 생기는 경우가 종종 있다. 어떻게 부모가 자녀의 결혼을 방해하게 되는지 이해가 안 될 것이다. 그것은 부모가 자녀의 현재상태에 대해서 객관적으로 알지 못하기 때문이다. 결정사의 이용에 있어서도 부모님의 간섭과 개입이 심한 경우가 있다. 이럴 때에는 부모님도 함께 커플매니저를 만날 수 있도록 하는 것이 낫다. 결정사에 부모님이 직접 가입을 하는 경우도 있는데, 이 경우에 자녀 결혼 성혼율은 당사자가 가입하는 경우보다 높다고 한다. 간섭이 심한 부모님의 특성상 결정권이 부모에게 있기 때문이다. 부담없이 부모님과 매니저가 같이 만날 수 있도록 시도해보자.

가입

가입 조건의 까다로움

난 돈을 지불하는 고객이기 때문에 여러 결정사 중에서 어느 회사에나 가입할 수 있다고 생각하겠지만 그렇지 않은 경우가 있다. 회사마다 가입조건이 있기 때문이다. 그 기준에는 학력과 직업이 있다. 일반적인 결정사의 경우 가입 장벽이 비교적 낮은편이다. 남성의 경우 전문대졸 이상의 학력과 직업만 갖고 있으면 가입이 가능하며, 여성의 경우에는 고졸 이상의 학력이면 가입이 가능하다. 전문직·상류층의 매칭을 주로하는 노블회사의 경우 일반적인 회사보다 가입기준이 까다롭다. 학력·직업·집안·재산·외모 등 어느 하나라도 해당되지 않는 것이 있다면 가입은 불가능하다.

일반회사와 노블회사

어느 회사를 선택해야 할까. 어느 회사에 등록을 할 때 더 좋은 사람을 소개받을 수 있을까. 일반회사를 찾는 사람들에게 왜 이 회사를 찾았냐고 질문하면 회원수가 많으니 만나볼 수 있는 사람의 수가 많기 때문이라고 말을 한다. 이번에는 노블회사를 찾는 사람들에게 왜 노블회사를 선택했냐고 물어보면 뭐라고 말을 할까. 노블회사의 회원수는 일반적인 회사의 회원수를 따라갈 수가 없으니 많은 사람들을 소개해줄 수 없다. 그런데도 선택했다는 것은 다른 이유가 있다는 것이다. 일반적인 회사를 찾는 사람들은 보통 본인과 비슷한 수준의 사람을 만날 수 있다는 기대를 하고 방문을 한다. 가입 기준이 낮으면 본인과 비슷한 수준의 사람들이 많을거라고 예상을 한다. 일반회사를 찾는 사람들은 요구하는 상대의 조건이 구체적이지 않다. 노블회사를 찾는 사람들의 이유를 이 점에서 찾을 수 있다. 아무나 소개받고 싶지 않은 것이다. 노블회사를 찾는 사람들은 요구하는 상대의 기준이 상당히 구체적이다. 노블회사 정도는 되어야 자신의 높은 기준에 맞는 사람을 찾을 수 있을거라고 생각한다. 마치 명품을 원하는 사람이 대형마트를 가지 않고 백화점 명품관에만 가는 것과 같은 이유다.

가입

골드미스와 골드미스터

여자보다 기회가 많은 남자

A결혼정보회사 대표 B씨의 이야기도 들어보자.

"골드미스들이 '남자가 없다'는 말을 많이 하는데 남자가 없는 게 아니라 그녀들이 공통적으로 원하는 상위 1%의 남자가 부족한 것입니다. 대부분의 여자들이 자신보다 조금이라도 나은 남자를 만나 결혼하고 싶어 하는데, 골드미스들이 바라는 골드미스터의 프로필은 30대 초·중반 이상의 모든 여성들도 동일하게 원합니다. 결국 공급과 수요의 균형이 맞지 않아 원하는 대상을 쉽게 만날 수 있는데, 이런 부분을 고객에게 설명해줘도 받아들이지 않는 고객들이 있습니다. 이런 분들이 회원 가입 상담을 받으러 오면 그들 중 절반을 돌려보냅니다. 골드미스들이 바라는 남자들을 찾아서 그들에게 골드미스를 소개해주면 대부분 그녀들을 원하지 않아요. 골드미스를 원하지 않는다는 것이죠. 돌싱남들조차도 초혼인 골드미스보다 차라리 돌싱녀를 원하는 경우가 많아요. 이 말은 정말 괜찮은 남자들에게는 기회가 너무 많다는 것입니다. 그러다 보니 여자들이 더 절실할 수밖에 없어요. 결정사를 통하지 않고서는 이들을 만족시킬 수 있는 남자를 만날 수 없다는 거죠. 그나마 결정사에서 소개하는 남자들은 결혼에 대해 적극적이기 때문에 가능성이 높은 편이라고 할 수 있는 것입니다. 많은 골드미스들이 결혼정보회사에 가입할 수 밖에 없는 이유가 있는 것입니다."

포기할 것과 따질 것 선택

골드미스터들은 왜 골드미스를 선택하지 않을까? 골드미스터들은 일단 혼자서도 여성을 먹여살릴 능력이 충분하다. 그러다 보니 여성의 능력보다는 출산을 가장 먼저 생각하게 된다. 여성의 나이와 외모에 가장 관심을 갖는 이유도 출산을 고려한 것이다. 그래서 능력이 뛰어난 나이 많은 여자보다는 능력이 좀 떨어져도 어리고 외모가 출중한 여성을 선택한다. '남자는 무조건 이쁜 여자를 좋아한다.'고 비난하는 경우가 있지만 단순히 겉모습만 보는 이유가 아니라 출산이라는 큰 그림을 본다고도 할 수 있다. 결정사 내부에서 '여성의 1년은 5천만~1억원 가치'라는 농담조의 말이 괜히 돌아다니는 게 아니다. 가입하면 결정사 매니저들이 남녀 불문하고 회원들에게 자주 강조하는 것이 있다. 양보하지 말아야 할 것 한두 가지만 골라 확실하게 하고 나머지는 모두 포기하라고 말한다. 모든 것을 평균 이상으로 요구하면 맞는 상대를 찾을 수 없기 때문이다. 한두 가지만 요구하는 사람에게 적합한 상대를 추천해주는 것이 훨씬 쉽다. 예를 들어 경제력을 가장 중요하게 본다면 자신이 맞춰줄 수 있는 수준의 성격에 맞는지 정도만 확인하고, 외모나 키 등의 나머지 조건은 보지 말거나 타협하는 것이다. 또는 인간성을 가장 중시한다면 경제력은 두 사람이 합쳐 여유롭게 꾸릴 수 있는 수준에서 고르고, 외모나 기타 다른 부분은 타협하는 것이다. 외모가 가장 중요하다면 인성과 경제력은 그냥 맞춰나갈 수 있는 대상을 선택해야 있다. 그래서 인성, 경제력, 외모 등의 조건에서 가장 중요한 한 개를 선택하고 나머지 두 개는 그냥 평범한 정도에서 선택을 하는 것이 좋다. 그 외의 조건은 관대하게 패스하자. 그 기준에 맞는 사람이 나타나면 너무 따지지 말고 다른 이성에게 뺏기기 전에 즉시 잡아채는 것이 중요하다.

중단하는 고객

2,000년대 초 한 결정사에서는 전체 회원의 25%인 2,000여 명을 대상으로 이성 소개를 중단하고 회비를 환불해 준 일이 있었다. 회원 수를 높이기 보다는 결혼 성공률을 높이기 위해서 기존 회원 중 가망성이 떨어지는 회원은 회비를 되돌려주며 회원 자격을 환수한 것이다. 환불할 고객의 선정은 미팅을 한 후의 상대방에게서 받은 점수, 개인 프로필, 그리고 커플매니저의 판단에 따랐다. 자신의 처지는 생각하지 않고 이상형만을 고집하는 '왕자·공주병자'가 환불 대상 0순위로 꼽혔다고 한다. 그 다음 대상자는 '블랙리스트'라고 하는 자들이다. 주선 자리에서 이성에게 예의없는 말과 행동을 하거나 치근덕거리는 행동을 한 사람이 이에 해당된다. 이런 블랙리스트들은 회사의 평판과 장기적인 매출에 큰 손해를 주기 때문에 정리하는 것이 오히려 낫다고 할 수 있다. 일부 결정사에서는 내부적으로 블랙리스트를 선별해서 따로 관리하고 있다. 이런 말썽꾸러기 회원들에게는 아무 상대나 보내서 횟수만 채워버리고 재가입을 받지 않

음으로 끝내버린다. 이보다 더 심한 최악의 고객이라면 환불을 해주어 빨리 끝내버린다. 우연히 블랙리스트들을 연결하게 되는 경우도 있는데 서로 평범하지 않은 면에 반해서 그런지 블랙리스트들끼리 커플이 되는 경우도 종종 있다. 자기 주장이 강하고 여성에게 퇴짜만 놓던 남성이 그보다 더 불 같은 성격의 여성에 잡혀 산다든지, 낭비벽이 있는 여성이 지독한 권위적 성격의 남자를 만나 알뜰한 여성이 된다든지, 시도때도 없이 집착해 연락을 강요하던 여성이 스토커라는 악평을 받을 정도로 자주 연락하던 남성과 만나게 되거나, 변태성이 강해 퇴짜를 자주 맞던 남녀가 만나 변태커플로 맺어지는 등 황당한 사례들도 많다고 한다. 이런 사례로 인해 블랙리스트 회원만 골라 연결하는 결혼 정보회사도 있다.

중단하는 고객

등급

낚시성 등급 키워드

온라인에서 결정사를 검색해보면 '결정사 등급'과 관련된 정보가 상당히 많이 발견된다. 고객들이 생각하는 결정사의 등급이라는 것은 아마도 결혼정보회사에서 소비자를 어떻게 바라보는지에 대한 등급일 것이다. 하지만 '결정사의 등급'이라는 키워드로 만든 온라인 정보는 대부분 회사간의 비교를 통해 자사가 월등히 좋다는 회사 등급 홍보일 뿐이다. 한 마디로 낚시성 키워드인 것이다. 결정사에서는 회원들의 등급에 관한 정보를 잘 공개하지 않는다. 그 이유는 고객이 그 기준을 알게 될 경우 자사로의 회원 유입이 어려워질 수 있기 때문이다. 고객이 회사에서 정해놓은 등급을 보게 되면 스스로 결정사에 대한 기대를 낮추게 된다. 어느 정도 회사의 시스템과 매칭 프로그램에 대한 신비함이 있어야 기대감을 갖을 수 있는데 등급 기준을 보고 스스로 판단을 하게 되니 결국 그들은 고객이 되지 않는 것이다. 결정사에서 보았을때 매출을 가져다줄 잠재고객이었는데, 등급이라는 키워드 하나로 온라인 상에서 놓치게 되는 것이다. 그래서 등급이라는 키워드는 많이 검색되지만 그에 해당하는 정보는 부실한 것이 사실이다.

무의미한 등급

자신의 등급에 대해서 고민할 필요는 없다. 결혼할 대상자의 매칭은 본인의 조건과 이상형 조건의 결합에 의해서 결정되기 때문에 엄밀히 말해서 결정사의 등급이라는 것은 무의미하다. 이 등급이라는 것이 설사 존재한다 하더라도 모든 결정사에서 통용되는 것도 아니고, 각각의 회사 내부에서 활용할 목적으로 이용할 뿐이다. 회사의 입장에서 등급이 있다면 왜 만들었는지 그 이유가 있을 것이다. 과거 대학 입학에서 대입배치표가 있었다는 것을 생각해보면 이해가 쉽게 된다. 이 표는 수능시험 점수를 기본으로 하여 지망했을 때 합격가능한 학교들을 알아보기 편하도록 만든 것이다. 이 표를 활용한 사람들은 바로 학교 선생님들이었다. 한 반에 45명 이상의 학생들을 일일이 진학지도 해야 하는 선생님의 입장에서는 이 배치표가 정말 고마웠을 것이다. 결정사의 등급이란 것도 커플매니저가 개인적으로 매칭을 짜기 쉽도록 만들어 활용하는 표라고 보면 된다. A라는 사람이 3등급이라면 3등급 이하의 대상자를 연결해주는 되는 것이다. 이렇게 하면 번거로운 일이 줄어들고 고객에게도 적합한 대상을 소개시켜 주게 되니 만족도도 높아진다. 등급을 정하는 기준이 몇 가지 안 된다면 단순하게 분류가 이루어지고 세심한 매칭이 이루어질 가능성은 낮아지게 된다. 등급이 존재하더라도 다양한 경험을 쌓은 실력있는 매니저가 있다면 좋은 매칭으로 연결될 가능성이 크다. 매칭은 기계가 하는 것이 아니라 사람이 하는 것이다. 사람의 마음은 어떻게 움직일지 그 누구도 모른다. 블랙리스트 회원들끼리 연결되는 것을 보라. 누가 그들이 그렇게 만날 줄 알았겠는가.

비난받는 등급

지금은 브랜드 관리차원에서라도 등급이라는 제도를 활용하지 않는다. 결정사 등급이 처음 이슈가 되었을때 이를 희화화하는 각종 영상부터 방송사의 예능 프로그램까지 결정사 등급을 풍자하는 제작물들이 넘쳐났다. 이것들로 인해 결정사를 이용하는 고객들과 서비스를 제공하는 결정사까지 비난을 받게 되었다. 그러다 보니 회사마다 등급이라는 것에 대해 조심할 수 밖에 없다.

학력과 능력

"우리 딸도 그곳에서 매칭좀 시켜줘봐요. 아주 능력이 많아요. 지금 의사에요. 이 정도 조건이면 괜찮지 않아요?" 한 지인이 흐뭇해하시는 표정으로 말을 건넸다. 딸이 조건이 좋으니 결혼 대상자로 괜찮지 않냐는 늬앙스다. 개인의 능력으로 봤을 때에는 괜찮은 사람이 확실하다. 그런데 결정사의 고객으로서 괜찮은 조건일까? 능력과 학력은 고객의 성별에 따라 매우 다르게 작용을 한다. 남자는 자신보다 학력과 능력이 낮은 여자를 원한다. 반대로 여자는 자신보다 더 좋은 조건의 학력과 능력을 갖춘 남자를 선호한다. 가부장적인 사회의 분위기가 아직도 선택의 기준에 영향을 미친다고 할 수 있다. 그래서 고학력이면서 전문직 직업을 갖고 있는 남자는 만날 수 있는 여성회원의 범위가 넓다. 반대로 고학력자의 여성이라면 만날 수 있는 남성의 범위는 좁아지게 된다. 만약 이 여성 회원이 노블회사가 아닌 일반적인 회사에 가입해서 매칭을 받게 된다면 어떤 일이 벌어질까? 아무리 많은 회원을 보유하고 있는 회사라 할지라도 그 고객에게 맞는 사람은 극히 일부일 수 밖에 없다. 오히려 이런 경우에는 노블회사의 문을 두드리는 것이 더 적합하다고 할 수 있다. 전체 회원수는 적지만 자신이 찾는 조건의 남성은 그쪽에 훨씬 많기 때문이다.

학력과 능력

4

나라는 사람 성격 파악 재능 파악 | 결혼교육을 받지 않은 나라는 사람

여러 교육들 변화를 요구하는 교육 | 무엇을 가르치는 교육을 선택할 것인가 | 예비부부학교 | 예비아빠엄마학교 | 좋은부부학교 | 책 추천

주변의 조언들 꼰대 조언자 | 지혜로운 조언자 | 멘토와의 미팅

비교하는 지인들

이혼 이쁜 여성과 결혼한 남자 | 남자의 재산을 보고 결혼한 여자 | 이혼을 꺼리는 분위기 | 자녀 때문에 참고 살았다는 말의 위험성 | 이혼 이후의 삶의 각오 | 3가지 결정할 것들 | 협의이혼 | 재판이혼 | 이혼 소송을 할 때 유의사항 | 이혼을 하기 힘들어하는 사람들에게

자신이 싫어하는 사람 정리해보기

준비 완료가 아닌 배움의 시작 준비 완료라는 것은 없다 | 성장시키는 배우자 | 천생연분

롤모델 목적이 일치해야 한다 | 결정사에 롤모델 조건이 있는가 | 롤모델과 비교모델

결혼공부

나라는 사람

성격 파악

결혼을 위한 공부는 사람을 공부하는 것에서부터 시작한다. 결국 나와 다른 사람이 만나는 것이기 때문이다. 그렇다면 다른 사람에 대해서 공부하기 전에 나는 나를 잘 아는가? 지금까지 모든 기준을 자신에게 맞춰서 세상을 바라보고 평가했다. 그러다보니 자신에 대해서 진지하게 생각해보지는 않았을 것이다. 우리는 항상 '내가 생각하기에', '내가 보기에'와 같은 말로 평가를 시작한다. 그렇다면 무언가를 바라볼 때 객관적이기 위해서는 자신이 어떤 스타일의 사람인지 알아야 한다. 무게를 잴 때 영점 조절 零點調節을 하는 것처럼 말이다. 사람의 성격, 스타일을 파악하는 도구들은 많다. 학창시절에 한번쯤 해봤을 MBTI 외에도 앞에서 설명드렸던 에니어그램, 그 외에도 여러가지 전문 도구들이 있다. 기회가 된다면 여러가지 도구를 다 해보고 종합된 결과를 통해서 자신을 알아보자. 가장 정확한 자신의 모습을 확인할 수 있을 것이다.

재능 파악

성격 말고 자신의 재능에 대해서도 살펴보자. 나는 무엇을 잘 하는 사람인가? 대학교 때 전공을 말하는 것이 아니다. 청소, 기록, 계획짜기, 육아, 집수리, 빨래, 요리 등 각자 잘 하는 것이 있다. 재능인데 전공이 아니다보니 쓰잘머리 없는 것으로 여겼

을 수도 있다. 잘하는 재능은 가정을 꾸릴 때 매우 큰 힘이 된다. 잘 하는 것을 찾는 것 만큼 중요한 것은 못하는 것을 발견하는 것이다. 내가 아는 남자 지인은 밥을 할 줄 모른다. 아내가 출장을 가면 집에 있는 밥솥을 이용해서 밥을 해먹을 줄 모른다. 시켜 먹거나 간단히 편의점 음식을 사 먹는다. 문제는 어떻게 하는지 알려주더라도 못한다는 점이다. 못하는 것은 밥에 그치지 않는다. 보일러를 켤 줄도 모른다. 벽에 붙어있는 버튼만 한 번 누르면 되는데 그것을 할 줄 모른다. 이 내용에 의심을 품는 사람이 있을 수 있다. 정말 그 버튼을 누르지 못하는 사람이 있을까 할텐데 사실이다. 이것은 누르는 힘이 없다는 것이 아니라 하려고 하는 의지를 갖고 있지 않은 마음의 문제다. 할 줄 아는 것이 많은 사람들을 보면 '뭐든지 난 할 수 있어'란 생각을 갖고 있다는 것을 확인할 수 있다. 살아온 환경 때문에

나라는 사람

잘하는 것과 못하는 것이 정해지기도 하지만 사람의 의지도 많이 좌우한다는 점이다. 그렇다면 난 의지가 강한 사람인가 약한 사람인가? 스스로도 생각해보고 주변 사람들에게도 자신이 어떤지 물어보자.

결혼을 했는데 알고보니 둘 다 의지가 약한 사람이라면 그 가정은 어떻게 될까? 다른 가정이 왠만하면 하는 것을 하지 못하고 미루거나 포기할 가능성이 크다. 만약 둘 중 한 명만 의지가 강하다면 다투면서라도 일이 이루어지도록 할 것이다. 둘 다 청소를 하지 않는 사람이 만난다면 어떻게 될까? 먼지덩어리가 공처럼 굴러다니는 모습을 보게 될 것이다. 자신의 약점, 부족한 점, 잘 못하는 점이 발견되었다면 그것을 보완하기 위해서 노력하자. 그 노력은 객관적으로 자신을 보았을 때 시작할 수 있다.

결혼교육을 받지 않은 나라는 사람

결혼 후부터 진정한 어른이 된다는 것은 자신의 여러가지 모습을 제대로 관찰할 수 있기 때문이다. 그 전까지는 자신이 어떤 모습을 보여줄지 모른다. 어떻게 사랑을 표현해야 하는지, 낳은 아이는 어떤 발달 과정을 겪는지 알지 못해 많은 실수를 하게 된다. 요즘 주변에 '소아&청소년 심리센터'를 많이 볼 수 있는데 부모가 올바른 결혼교육 부모교육과 육아교육을 포함 을 받았다면 이런 센터에 보내는 일은 많이 줄어들 것이다. 당연히 이혼을 하는 일도 줄어들게 된다. 부모가 이혼하고 그 아이들이 올바른 사랑을 받지 못해 삐뚤어진다면 결혼교육의 중요성을 간

과한 결과라고 볼 수 있다. 교육에 대해서도 겸손한 사람은 이런 점에서 가정 불화의 파국을 막을 가능성도 크다. 결혼교육을 받은 사람은 아무도 없다. 그렇다면 실수를 할 가능성은 매우 크다. 배우자로서, 부모로서 자신이 어떤지 모르기 때문에 결혼 공부를 하는 것은 선택이 아닌 필수여야 하지 않을까.

여러 교육들

결혼에 대해서 교육을 받아보았는가? 이 점은 사람에 따라 양쪽으로 나뉜다. 교육을 전혀 받지 않았거나 반대로 많이 받은 경우로 나뉜다. 결혼을 하는 대부분의 사람들이 결혼교육을 받아본 적이 없다. 그래서 '결혼은 처음이라서', '부모는 처음이라서'와 같은 말이 나오는 것이다. 초혼보다는 재혼이 더 낫다는 것도 교육을 몸소 체험했기 때문에 오히려 이후에 더 안정된 결혼생활을 할거라고 말을 한다. 그런 점에서 과거에 비해서 재혼은 이제 그리 큰 약점이 아니다.

변화를 요구하는 교육
결혼에 대한 책과 강의는 찾아보면 많이 발견할 수 있다. 사회학자들이 쓴 결혼 관련 책들을 보면 시대마다 결혼을 바라보고 평가하는 기준이 많이 다르다고 말을 한다. 강의에서도 주장하는 것이 강사마다 다르다. 무엇이 정말 맞는 것인지 모를 지경이다. 하지만 좋은 책과 좋은 강의를 발견하는 기준은 명확하다. 당신에게 변화를 많이 요구하는 책과 강의가 좋은 것이다. 공감만 잔뜩 풍겨 웃고 박수치고 끝나는 내용은 남는 것이 없다. 결혼은 새로운 삶을 시작하는 것이다. 당연히 준비해야 할 것들이 많다. 배워야 할 것이 많고 부담이 되는 것들이 많은데 그런 부담을 주지 않는다면 과연 그것이 좋은 교육일까? 전혀 그렇지 않다. 군대에 가는 후배에게 "그냥 가. 가면 다 하게 되어 있어."라고 조언을 하는 선배가 있다. 물론 맞는 말이기도 하다. 탈영을 할 수 없으니 그냥 버티는 것인데 매 순간 얼마나 고통스러울지 생각한다면 다양한 코멘트를 해주는 것이 더 낫지 않을까. "훈련 기간 중 달리기를 많이 하기 때문에 하체의 체력을 키워야 해. 달리기와 산 오르기 같은 것은 미리 미리 해두고, 엎드려서 기합을 받을 때도 많으니 '팔 굽혀 펴기'도 많이 해놔."

무엇을 가르치는 교육을 선택할 것인가

교육이라는 것을 소고기처럼 평가해서는 안 된다. 마블링이 잘 이루어진 고기는 최고 등급을 받고 비싸게 판매된다. 하지만 이 고기가 실제로 건강한 고기일까? 초원에서 풀을 먹고 건강하게 자란 소의 고기는 질기다. 그래서 식용으로는 높은 등급을 받지 못한다. 입에 좋은 고기가 몸에는 좋지 않을 수 있듯이 귀에 듣기 좋은 교육이 실제 결혼생활에 좋지 않을 수 있다는 점이다. 이런 이야기하면 현실감각이 떨어지는 소리라고 말할 사람도 있을지 모르지만 결혼은 당장 앞의 모습만 바라보며 가는 것이 아니다. 이런 교육들은 상품 판매를 위한 미끼가 되기도 한다. 교육이라고 하니까 주의깊게 들었는데 결국 물건을 구매해야 한다는 결론으로 간다. 이들은 산부인과나 산후조리원에 서비스 형태로 들어가 영업활동을 한다. 교육을 가장한 비즈니스인 것이다.

이런 교육은 부부 간의 갈등, 고부 간의 갈등 등을 설명하지 않는다. 고부간의 갈등에 대해서도 어떤 대비가 필요할까? 미리 양쪽 부모님의 성향을 확인을 했는가? 명절 때만 가게 되니 그리 중요하지 않다고 생각할 수 있지만 절대로 명절 때만 가게 되지 않는다. 아이가 생기면 부모님께 도움 요청을 할 때도 많고 여러가지 집안 행사가 있을 때에도 가야 할 일이 있다. 이런 교육을 받지 못하면 불효자가 되는 것은 한 순간이다. 가정의 형태와 모습은 바뀌었는데 그에 맞는 교육이 없다보니 부모는 부모대로 서운하고 자녀는 자녀대로 힘들어 지쳐간다. 서운함으로 명절 때 찾아뵙지도 않는 자녀가 많은 게 사실이다. 그와 같은 현상은 내가 부모가 되어도 또 겪게 된다.

부부 두 사람 간의 문제, 부모에게 해야 할 것들, 자녀에 대한 것들, 집 구매에 대한 것 등 알아야 할 것들이 많다. 최소한 이 네 가지 정도는 반드시 배워야 한다. 이런 교육 내용이 있는지 확인하자. 이런 결혼교육을 국가 차원에서 이루어졌으면 하는 생각을 하는 사람도 많을 것이다. 하지만 결혼이라는 것 자체가 딱 한 가지로 정의할 수 없는 것이다보니 개개인의 선택과 노력으로 준비를 할 수밖에 없는 것 같다. 모두 직접 겪게 될 때 목

마른 사슴이 시냇물 찾듯이 찾게 된다. 세대가 변하더라도 계속 유지가 되는 기본적인 준비사항은 공교육을 통해서 제공되는 날이 오기를 바란다.

예비부부학교
몇 가지 교육을 추천하려고 한다. 가장 먼저 〈예비부부학교〉를 추천한다. 부부가 된다는 것이 무엇을 의미하는지를 알려주는 가장 기본적이면서도 가장 중요한 교육이다. 또한 자녀 계획을 할 때 주의해야 할 것과 준비할 것에 대해서도 배우게 된다. 예비 부부를 위한 부부 세미나가 아직 제도적인 서비스로 마련되어 있지는 않다. 지역 내에 있는 사회복지기관에서 간혹 진행하고 있으니 인근 사회복지기관에 문의를 하면 안내 받을 수 있다.

예비아빠엄마학교
〈예비아빠엄마학교〉도 들어보자. 이 과정을 통해서는 부모가 되는 것 준비와 임신 전후의 태내 환경에 대해서 과학적인 연구를 토대로한 자료들을 제공받을 수 있다. 또한 자녀를 계획하는 예비 부모들과 소통도 할 수 있다. 이 교육은 가까운 지역 보건소 홈페이지를 통해서 신청할 수 있다. 임신 전후에 대한 정보, 출산 전 준비와 출산 후의 안내도 받을 수 있다.

좋은부모학교

<좋은부모학교>도 좋은 교육이다. 자녀를 낳았다고 끝나는 것이 아니다. 이후에는 좋은 부모가 되는 것이 남아있다. 지속적인 부모 교육이 있어야 한다. 미래는 지금과는 다른 세상이기 때문에 그에 따른 자녀 세대의 문화에도 많은 변화가 있을 것이다. 자녀 세대에 대한 이해와 변화된 가치관을 부모가 알고 대처한다는 것은 필수요건이 아닐 수 없다. 세대 간의 갈등을 줄이기 위해서는 이와 같은 교육을 반드시 들어야 한다. 과연 좋은 부모는 어떤 부모일까? 자녀의 연령에 따라서 부모의 역할은 달라질 필요가 있다. 이 변화를 따라가지 못하면 자식들과 대화가 되지 않기 시작한다. 자녀의 신체적, 심리적 변화를 감지하고 예측해주는 자세가 무엇보다 중요하다. 이런 것을 교육하는 교육은 매우 많다. 부모교육 강사들은 정기적인 연구모임에 참석하고 있다. 교육을 준비하는 목적 이전에 부모교육 강사들이 먼저 좋은 부모가 되기 위한 연구모임이다. <부모교육>에서 다룰 수 있는 콘텐츠는 매우 방대하다. 그래서 커리큘럼을 확인해보고 다양한 교육을 들어보는 것을 추천한다. 결혼 전에는 <예비부부학교>를 경험하고, 임신 전에는 <예비아빠엄마학교>를 통해서 건강한 출산을 준비하고, <좋은부모학교>에서는 아이와 함께 성장하는 좋은 부모가 되는 기회를 갖자.

책 추천

책 추천을 원하시는 분이 계신데 부부교육, 부모교육에 대한 책

은 굉장히 많다. 여기에서는 보편적인 내용의 책 말고 전문적인 책을 소개하고자 한다. 부모가 되기 위해 건강한 신체와 마음을 준비하고 임신을 하는 것은 무척 중요하다. 책 <송금례 교수의 태교코칭>에는 송교수의 경험과 임신 내 환경의 중요성에 대한 언급이 있다.

책 <태교혁명 피터 너대니얼스 지음>이라는 책도 추천한다. 태아의 건강이 평생을 좌우한다는 것을 연구한 것으로 태교과학을 말해주고 있다. '태아 프로그래밍'의 중요성에 대해서 설명한다. '신생아 때의 건강 수치와 성장한 후의 건강 상태는 어떤 연관성이 있을까?', '태아기 프로그램은 어떤 식으로 이루어지는 것일까?'라는 질문을 토대로 연구한 임상의 결과를 책으로 엮은 것이다. 책은 임신기간 동안 자궁 속 환경을 완벽하게 만들어 줄 수는 없지만 향상시킬 수는 있음을 기억하기 바란다고 말하고 있다. 임신 전에 꼭 읽어볼 필요가 있다. 이 책은 절판이 되었고 도서관에서 대여가 가능하다.

주변의 조언들

꼰대 조언자

한국 사람들은 오지랖이 넓다. 그래서 누가 뭐 한다고 하면 자신이 컨설턴트가 되어 조언을 한다. 그런데 그 조언이 그리 큰 도움이 되지 않는 경우가 있다. 다음의 조언을 살펴보자.

"결혼은 30세 넘기 전에는 해야지."
"나이 더 먹기 전에 애는 낳아야지."
"애는 둘은 있어야 해. 하나는 외롭다고."
"뒷담화를 같이 할 수 있는 사람을 만나야 해."
"그래도 웨딩은 신경 써야지."
"아이들 학군 때문에 이사는 가야해."
"요즘 학원은 기본 3개라고."

남의 계획에 들어가 참견하는 스타일의 조언들다. 이런 편견의 말들은 조언이라는 옷을 입혀 상대 앞에 당당하게 전달한다. 상대는 기분이 언짢지만 그 언짢아하는 것이 문제라는 분위기까지 풍겨 전달하니 뭐라고 불편함을 표현할 수도 없는 상황이다. 사실 매우 무례한 사람들이다. 우리는 이런 조언가를 '꼰대'라고 부르기도 한다. 고정관념이나 편견을 강하게 인생의 기준으로 삼는 사람들이 이런 조언자 역할을 주로 한다.

지혜로운 조언자

가장 고마운 조언자는 힘들 때 와서 말없이 도와주는 사람이다. 이들이 말없이 도와주는 속 깊은 이유는 가정의 문제는 그 당사자가 직접 해결해야 한다는 것을 알기 때문이다. 그래서 무턱대고 간섭하지 않는다. 인생의 조언은 사실 누적되어 온 지혜의 표현이라고 할 수 있다. 대표적인 것이 속담이며 고전을 통해서도 배울 수 있다. 한때 인문학이 인기를 끈 이유는 지혜를 잊어버리고 살다보니 그 중요성을 다시금 알게 되어서 그렇지 않나 싶다. 그런 지혜가 없다면 지금처럼 복잡한 시대에 뭐가 맞는 것인지 알 수 없다. 하지만 지금 젊은 세대에 속담, 고사성어, 고전의 지혜를 아는 사람이 얼마나 될까 의심스럽다. 그러다 보니 직접 겪다가 문제에 직면하고, 비슷한 사람들끼리 만나서 비슷한 조언을 나누며 토닥토닥하고 있는 모습이다. 조언은 누구나 할 수 있지만 좋은 조언은 아무나 하지 못한다. 역사는 반복되기 때문에 역사를 잘 아는 민족이 강대국이 된다고 말하는 것처럼 결혼도 일종의 역사이기 때문에 잘 알아야 실패하지 않는다. 하지만 대부분 철부지로 사는 것이 주변의 모습이다. 씁쓸하다.

멘토와의 미팅

결혼에 대한 좋은 정보를 얻는 것은 사실 쉽지 않다. 그래서 세대를 거듭하더라도 결혼에 대한 진화는 잘 이루어지지 않는다.

오히려 이혼율이 급증할 뿐이다. 기혼자들이 다 좋은 조언자가 될 수 없고, 결혼이라는 것의 공부는 양자역학보다도 어렵기 때문에 뭐라고 정리해서 알려줄 수 없기 때문이다. 하지만 할 수 있을 때까지는 계속 노력을 해야 한다. 노력한 만큼 좋은 결혼을 할 수 있다. 그래서 결혼에 대해서 알려주는 멘토와의 미팅을 추천한다. 서울과 부산에서 이런 멘토와의 미팅 모임이 진행되고 있다. 현명한 결혼이란 것이 무엇인지 전문가의 의견을 들을 수 있으며 이전과는 다른 올바른 결혼의 관점을 갖는데 도움을 받을 수 있다. 아는 만큼 보인다고 말하지 않던가. 결혼을 한 후에 결혼에 대해서 알게 되면 후회할 것들이 보이기 시작한다. 그러니 결혼 전에 결혼에 대해서 공부를 하자. 후회없는 삶을 보장하는 길이다.

비교하는 지인들

결혼을 하는 순간 나와 비교할 수 있는 사람들은 전국의 기혼자들이다. 매일 아침 눈 뜨자마자 아침 드라마를 보며 "저 사람들은 저렇게 잘 사는데 난 이 모양이 뭐야."라고 비교하며 한탄하는 사람들이 있다. 낮에 친구를 만났는데 그 친구의 상황이 부러우면 돌아와 또 한탄을 한다. 자신보다 더 잘사는 것처럼 보이는 사람이 나타나면 한탄시스템이 또 자동적으로 작동한다. 그런 점에서 아침 드라마는 가정의 불화를 가져올 가능성이 크다. 드라마 말고도 비교를 주제로 대화를 하는 지인들이 많다. 이들에게 외출은 비교하는 시간이고 전화 통화는 그 비교를 더 공고하게 하는 시간이다. 이런 지인이 많으면 많을수록 비교 바이러스는 더 많이 내 뇌에 들어와 나의 자존감을 떨어뜨린다. 좋은 조언가를 만나는 것도 중요하지만 좋지 않은 사람을 만나지 않는 것도 매우 중요하다. 좋은 사람들은 다른 사람들의 발전을 위해서 시간과 에너지를 쏟는데 반해, 비교하는 지인들은 비교를 통한 쾌감을 위해서 험담하는 말과 사치스러운 지출만 말할 뿐이다. 결혼은 둘 다 성장하는 시간을 만드는 것인데 이런 지인들이 그 성장을 막는다. 만나지 말아야 할 지인의 정리가 과감하게 필요할 때다.

이혼

결혼에 대한 책인데 이혼을 언급하는 것에 대해서 의아하다고 생각할 수 있다. 결혼이라는 선택에 실수가 있으면 안 되겠지만 잘못된 선택을 했다면 그 대책으로 이혼을 고민해봐야 한다. 과거에는 이혼을 하면 실패자라는 낙인이 찍혀서 쉽게 선택할 수 없었지만 지금은 그런 시각이 아니다. 오히려 이혼하지 못하고 답답하게 살고 있는 것이 미련해보인다. 이혼을 할 상황이 된다면 괴로워하지 말고 어떻게 하는지 절차에 들어가는 것이 필요하다. 이혼은 법이다. 이혼에 대한 법을 알아야 신속하고 지혜롭게 이혼할 수 있고 이후의 멋진 삶을 다시 만들어갈 수 있다.

이혼을 하는 이유는 무엇이라고 생각하는가. 그 이유는 너무나 많다. 경제력, 성격, 종교, 폭력, 습관 등 이유는 제각각이다. 확률이 높은 이유는 있다. 그런데 이런 이유를 미리 살펴보지 않고 결혼한 사람은 무엇인가 하는 것이다. 물론 저 이유들을 다 살펴볼만한 여유가 없었거나 알아보는 능력이 없었다고 말할 것이다. 하지만 꼭 그렇기만 했을까. 중요한 것은 보지 않고 다른 것에 집중하지 않았나 생각해보자. 여성의 이쁜 외모만 보고 결혼한 남자, 남자의 재산만 보고 결혼한 여자는 이혼을 할 가능성이 어떨까? 클 수밖에 없다.

이쁜 여성과 결혼한 남자

먼저 이쁜 여성과 결혼한 사례를 살펴보자. 내가 봤을 때 이쁘다면 어떤 남자가 봐도 이쁠 가능성이 크며, 이 여자는 살아오면서 대접을 받으면서 살아왔을 가능성이 크다. 그렇다면 자신이 직접 뭔가를 하지 않아도 주변에서 해줬을 경험이 많을 것이며, 그런 경험들이 쌓여 실제로 무능력할 수 있다는 것이다. 결혼 후에도 여전히 공주생활을 누리려는 자세를 취할 가능성이 크다. 이런 상태에서 공주 대접을 해주지 않으면 바로 문제가 발행한다.

남자의 재산을 보고 결혼한 여자

남자의 재산을 보고 결혼한 사례를 보자. 결혼할 20~30대 시점에서 남자가 재산이 많다면 그 재산은 부모의 재산일 가능성이 크다. 즉 남자의 능력으로 번 돈이 아니다. 돈이 떨어지면 다시 벌 능력이 없다는 것이다. 만약 그 많은 재산이 남자의 능력으로 번 돈이라면 한번 신중하게 살펴보자. 정상적인 방법으로 번 돈이 아닐 가능성이 크다. 그렇다면 사기꾼일 수도 있으며 돈으로 사람을 평가하는 사람일 가능성이 크다. 물론 이쁘고 돈도 많다면 금상첨화錦上添花라 하겠지만 나머지 더 중요한 조건들을 살폈어야 했다. 외모와 재산의 조건 외에 다른 것을 이야기하는 사람들이 별로 없다. 언제까지 이혼할 때 '성격차이'라고만 계속 핑계를 댈 것인가. 그만큼 성격에 대해서 공부하지 않았고, 상대의 성격을 따져보지 않았다는 것밖에 되지 않는다. 또는 자신의 성격이 이상하다는 것도 알지 못했다는 것이다.

이혼을 꺼리는 분위기

이혼을 꺼려하는 심리적 이유를 생각해 보자. 이혼했다는 사회적 선입견과 그로 인한 위축감은 분명 있다. 완전히 사라졌다고 할 수는 없다. 아이들도 힘든 것이 사실이며, 경제적인 어려움도 클 수밖에 없으니 주변에서 "아휴!"와 같은 한숨을 표현할 수 밖에 없다. 전업주부였다면 홀로서기를 할 자신이 없어 이혼하는 것을 주저하게 되기도 한다. 하지만 계속 불행한 삶을 사는 것보다 행복한 이혼이 낫다고 할 수 있다. 어차피 주변의 시선으로 사는 것이 아니라 당사자들의 삶이기 때문이다. "무조건 참고 살라봐라."라고 조언하는 시대는 지나갔다. 그렇다고 이혼을 결정한 사람들이 충동적으로 판단한 것은 아닐 것이다. 양쪽 집안의 어른들도 이미 알고 있으며 어느 정도 결정에 주변의 합의가 있었을 가능성이 크다. 이혼은 법적으로는 단둘만의 결정으로 되지만 심리적으로는 주변의 동의를 완전히 무시할 수 없다. 또한 자녀가 있다면 이혼을 해도 함께 책임을 해야 할 대상이 있기에 이런 저런 조건을 다 따져보고 결정했을 가능성이 크다. 그 속사정을 알지 못하는 상태에서 이혼한 대상자를 이상한 시선으로 볼 이유는 없다.

자녀 때문에 참고 살았다는 말의 위험성

우리 부모세대에서는 늘 자식 때문에 참고 산다는 말을 자주 했었다. 그 말을 듣고 성장한 자녀는 과연 행복했다고 말을 할까? 이 부분은 충분히 생각해 볼 중요한 사안이다. "너희들 때문에 이혼하지 않고 참고 살았어."라고 말한다면 자녀 입장에서도 할 말이 많다. 자녀도 너무 힘들었는데 그 힘든 삶을 참고 살았던 이유가 자녀라고 말을 하니 황당할 따름이다. 마치 책임을 떠넘기는 것 같은 말로 들릴 것이다. 만약 아이 때문에 참고 살았을지라도 아이들에게 그런 말을 해서는 안 된다. 아이들이 원하는 것은 이혼이냐 아니냐 보다 마음 편하게 사는 것이다.

이혼 이후의 삶의 각오

여기에서 꼭 짚고 넘어갈 것이 있다. 자식은 부모의 소유물이 아니다. 자식은 행복한 부모의 삶을 보며 자존감을 찾고 행복을 누려야 하지, 늘 싸우고 소리치는 부모와 함께 살 이유가 없다. 사이가 좋지 않은 부모를 보며 자식은 자존감에 상처를 받고 혼란스러움을 느끼게 된다. 만약 심사숙고한 후에 이혼을 했다면 당당하게 살자. 그런 선택을 부끄러워하지 말고 더 행복하게 살아야 한다. 다만 행복이 저절로 따라오지 않으니 다음의 점들을 꼭 알자.

첫째, 마음을 잘 추스려야 한다. 불행이 아니라 새로운 삶을 시작하는 단계일 뿐이다. 결혼처럼 이혼도 큰 결정을 한 것 뿐이다.

둘째, 한 사람과 이별을 했으니 그에 따른 주변의 관계를 정리해야 한다. 때로는 그 관계에서 자신을 보호해야 한다. 그리고 새로운 관계도 만들어야 한다.

셋째, 주도적인 가장이 되어야 한다. 이제는 자신이 가장 큰 어른이 되었다. 수동적인 모습을 버리고 경제력도 직접 책임을 져야 한다. 주도적인 모습을 갖지 않으면 삶에 안정이 오지 않는다. 계속 우울한 마음으로부터 벗어나지 못한다면 차라리 이혼을 하지 말자.

3가지 결정할 것들

이혼은 법이라고 말을 했다. 법적으로 준비를 해야 할 것이 있다는 것이다. 다음의 3가지는 꼭 알고 있어야 한다.

- 위자료 합의
- 재산분할
- 미성년 자녀의 양육문제 합의

이 중에서 세 번째는 친권자, 양육자, 양육비, 면접교섭권 여부 결정까지도 고려를 해야 한다. 이혼할 상황에서 상대를 마주치는 것도 기분 나쁜데 저런 이야기를 해야 하나 싶겠지만 이혼을 하려면 반드시 해야 하는 것들이다.

협의이혼

이혼은 크게 협의이혼과 재판으로 나눠볼 수 있다. 협의이혼은 부부가 서로 의논하여 행하는 이혼이다. 등록기준지 또는 주소지를 관할하는 가정법원의 확인을 받아 신고를 함으로 이혼이 이루어진다. 대리 접수나 변호사 접수가 불가하며 부부가 함께 출석해야 한다. 협의이혼에서는 '숙려기간'의 개념을 이해할 필요가 있다. 이혼을 결정했지만 다시 신중하게 생각해보고 마음이 바뀐다면 결정을 바꿀 수 있도록 기간을 주는 제도이다. 협의이혼 신청일에 숙려기간을 정해준다. 원칙상으로는 미성년 자녀가 있는 경우 3개월, 미성년 자녀가 없으면 1개월이다. 만일 폭력 등의 이유로 숙려기간 동안 부부 중 어느 한쪽이 고통에 놓일 수 있다면 숙려기간은 면제된다. 이에 해당하는 법의 내용은 아래와 같다.

민법 제 836조의 2 '이혼의 절차'

1. 양육하여야 할 자녀(임신중인 자녀를 포함)가 있는 경우는 3개월
   민법 제836조의 2항 1호
2. 제 1호에 해당되지 않는 경우는 1개월
   민법 제836조의 2항 2호

3. 다만 폭력으로 인해 당사자 일방에게 참을 수 없는 고통이 예상되는 등 이혼을 해야 할 급박한 사정이 있는 경우에는 이혼 숙려기간을 단축 또는 면제할 수 있다.
민법 제836조의 2항 3호

숙려기간의 면제사유는 아래와 같다. 해당이 된다면 사유서를 제출하면 된다.

1. 가정폭력

2. 일방이 해외 장기체류 목적으로 즉시 출국해야 하는 사정이 있는 경우

3. 쌍방 또는 일방이 재외국민이므로 이혼 의사 확인에 기간이 오래 걸릴 것으로 예상되는 경우

4. 신청일 1년 이내에 이혼 의사 확인 신청을 하여 위 민법 소정 숙녀기간 경과 후 이혼 의사 불확인을 받은 사정이 있는 경우

그리고 무엇보다 중요한 것은 둘 중 어느 한 사람이라도 정해진 날에 출석을 하지 않으면 이혼은 무효가 된다. 참석해서 이혼확인서를 받게 되면 그날부터 3개월 이내에 관할 시청, 구청, 읍사무소에 신고해야 한다. 이때에도 둘 중 한 사람이 이혼 철회 신고를 하면 다시 무효가 된다. 단 이혼확인서를 기관에 제출하기 전까지만 가능하다. 이혼을 확실히 하려면 반드시 배우자의 서명날인을 받아 빨리 기관에 제출하자.

협의 이혼에 필요한 서류

- 협의 이혼 의사확인 신청서 1통
- 부부 각자의 가족관계 증명서 1통
- 부부 각자의 혼인관계 증명서 1통
- 이혼 신고서 3통
- 어린 자녀가 있는 경우 자녀의 양육 및 친권자 결정
- 협의서 또는 확정 증명서 3통

재판이혼

협의하지 않고 재판을 통해서도 이혼을 할 수가 있다. 재판이혼을 하는 이유는 배우자의 부정행위, 악의적인 유기, 부당한 대우, 생사불명 등 혼인을 유지하기 어려운 점이 있을 때에 해당된다. 하나씩 살펴보자.

'배우자의 부정행위'는 자신의 의사로 부부의 정조 의무를 충실히 이행하지 않은 행위를 한 것을 말한다. '악의적인 유기'는 상대방이 특별한 이유도 없이 별거를 하거나, 부양을 하지 않는 등 혼인생활에 비협조적인 경우를 말한다. '부당한 대우'는 배우자나 그의 직계존속으로부터 모욕이나 폭행, 학대 등을 받아 더 이상 혼인생활의 지속이 어려운 경우를 말한다. '생사불명'은 3년 이상 생사의 가능성이 보이지 않을 때에 해당한다.

재판이혼을 진행하려면 우선 가사소송법에 따라 가정법원에 이혼 조정 신청을 해야 한다. 조정 신청을 하지 않을 경우 법원의 직권으로 조정에 회부한다. 조정 단계에서 합의가 이루어질 경우 재판 절차 없이 이혼이 성립되지만 합의가 이루어지지 않으

면 재판으로 넘어가게 된다. 즉 협의이혼은 서로 협의를 잘해서 이혼하는 것이고 협의가 되지 않으면 재판이혼을 해야만 이혼이 가능하게 되는 것이다. '조정제도'는 엄격하고 딱딱한 소송과는 다르게 조정의원들과 함께 자유로운 분위기 속에서 부부간의 의견을 충분히 수렴하고 그것을 토대로 양보와 타협을 이끌어내는 제도다. 우리나라에서는 이혼 소송을 제기하기 전에 반드시 조정절차를 거치는 조정전치주의調停前置主義를 채택하고 있다.

재판이혼에 필요한 서류

- 이혼 소장 또는 이혼 조정 신청서 각 1통
- 부부 각자의 혼인관계 증명서 각 1통
- 부부 각자의 가족관계 증명서 각 1통
- 어린 자녀가 있는 경우 자녀 각자의 기본 증명서
- 가족관계증명서
- 기타 소명자료

이혼 소송을 할 때 유의사항

첫째, 손해 볼 수 있는 말과 행동을 조심해야 한다.
둘째, 이혼은 내 자유 의지에 의한 선택이지 협박이나 강요로 하는 행위가 아님을 기억하자.
셋째, 이혼 소송과 관련된 검색에만 의존하지 말고 직접 발로 뛰어라. 인터넷 광고나 지인의 '카더라 정보'만 믿고 준비해서는 안 된다.

넷째, 이혼 소송은 많은 비용이 들 수 있고, 이혼 확정까지 많은 어려움으로 상처를 받을 수 있는 장기 싸움임을 기억하자.
다섯째, 미성년 자녀가 있다면 자녀들의 상처를 최소화하려는 의지를 보여라.
여섯째, 각 소재지 가정법원에 가면 무료로 법률자문을 받을 수 있다. 적극 활용하라.

이혼을 하기 힘들어하는 사람들에게

온라인에서 검색되는 다양한 게시판 글을 읽다보면 결혼생활과 관련된 충격스러운 이야기를 접하게 된다. 제3자 입장에서 그 글들을 읽다보면 "왜 저러고 살까? 자식들 때문에 헤어지지 못하나?"란 생각이 든다. 심지어 너무 답답해서 숨이 막힐 지경이다. 부부 간의 갈등이 너무나 심해도 쉽게 이혼하지 못하는 이유는 대부분 자녀 때문일 것이다. 부모의 이혼으로 가장 크게 상처를 받는 사람은 무조건 아이들이다. 하지만 아이들이 상처를 덜 받게 하기 위해 나만 참으면 된다는 단순한 생각은 하지 말자. 자녀는 부모가 이혼을 할 때에도 충격과 상처를 받지만, 문제가 되는 부모와 계속 함께 사는 것은 더 큰 상처를 만들 수 있다. 그것은 명백한 아동학대일 수 있다는 점이다. 지체하지 말아야 한다. 부모로 인해 불완전한 상태와 폭력이 오가는 환경이 되었다면 그곳에서 아이들을 위한 최선의 선택을 지체 없이 결정해야 한다. 그것이 부모의 의무이다.
가정폭력은 되물림되는 경우가 많고, 아이들이 폭력에 장기간

노출되면 피해야할 폭력에 무뎌지게 되기도 한다. 언어 폭력이나 신체적 폭력을 받는다면 지체 없이 지역사회에 도움을 요청해서 그 상황을 피해야 한다. 지속된 폭력으로 본인 혼자 극단적인 선택을 하거나, 심지어 어린 자녀와 함께 극단적인 선택을 하는 사건도 보게 되는데 이것은 현명하지 못한 대처다. 자녀를 소유물로 생각해 함께 죽는 어리석은 결정을 하는데, 이것은 명백한 살인이다. 자녀는 나와 동시대를 같이 살아가는 파트너이지 절대 내 소유물이 아니라는 것을 명심하자.

자신이 싫어하는 사람 정리해보기

한번 쯤 이런 정리가 필요하다. 난 누구를 싫어하는가? 이것을 파악하는 것은 앞으로의 만남에 대한 백신이 될 수 있다. 내 배우자가 그런 사람일 수 있고 배우자의 식구 중에 그런 사람이 있을 수 있다. 싫어하는 사람과 만나서 웃는 것처럼 힘든 것도 없다. 싫어하는 사람의 조건은 사람마다 다르다. 기회를 잘 잡는 현명한 사람을 누구는 기회주의자라고 할 수 있다. 모든 사람들에게 잘 하는 사람을 배우자는 바람둥이라고 판단할 수도 있다. 아래의 예시를 보고 자신과 가까운 리스트는 무엇인지 정리해보자.

- 욕이 섞인 말을 하는 사람
- 잘 씻지 않는 사람
- 무식한 사람
- 귀가 얇은 사람
- 심한 편견을 갖고 있는 사람
- 게으른 사람
- 요리를 못하는 사람
- 겨드랑이에 땀이 많이 나는 사람
- 유머가 없는 사람
- 재미없는 유머를 하는 사람
- 면도를 하지 않는 사람
- 방귀를 큰 소리로 뀌는 사람
- 목소리가 큰 사람
- 조용한 공공장소에서 아무렇지 않게 시끄럽게 통화하는 사람
- 장난이 짓궂은 사람
- 쉽게 욱하는 사람
- 말을 할 때 논리적이지 못한 사람

- 우유부단한 사람
- 감정기복이 심한 사람

싫어하는 사람을 정리해보라는 것은 싫어하는 사람을 확정하는 것을 목표로 하는 것이 아니다. 내가 어떤 사람을 싫어하는지, 싫어한다면 왜 싫어하는지, 다음에 또 만나면 어떻게 대처를 해야 할지 등을 아는 것이 필요하다. 결혼을 하는 시점부터 인맥은 많이 바뀌게 된다. 그러면 내가 싫어하는 사람을 만날 기회도 많아진다. 이전에는 내가 좋아하고 알던 사람들만 만났지만 결혼 후부터는 그렇지 않은 경우가 발생한다. 그래서 당황하지 않고 실수를 하지 않기 위해서는 반드시 알아야 할 내용이다. 이런 내용 정리로 인해서 그에 해당하는 사람을 만났을 때 감정을 통제할 수 있게 된다. 성인이 되면 감정을 의도적으로 사용 억제해야 할 때가 많다. 그때 중 하나가 '싫어하는 사람을 만났을 때'다.

준비 완료가 아닌 배움의 시작

준비 완료라는 것은 없다
교육을 이야기했지만 결혼에 대한 교육이 완벽한 결혼생활을 무조건 만들어주는 것은 아니다. 미리 교육을 통해서 완벽한 준비를 하는 학교 시험 문제가 아니다. 결혼한 시점이 교육을 적용해보는 시작점이다. "왕자님과 공주님은 결혼해서 잘 살았답니다."와 같은 동화의 나래이션은 결혼에 대한 잘못된 환상을 갖게 만든다. '왕자'와 '공주'란 단어에 꽂히면 안 된다. "정말 잘 살았을까?

왜 그 부분에 대한 이야기는 없지?"란 의문을 갖아야 한다. 왕자와 공주도 결혼에 대한 교육을 받은 것이 없다면 아마 불행한 결과를 맞이할 수 있다. 서로 다른 두 사람이 만나 부딪히면서 사는데 그 갈등은 매우 당연한 과정이다. 갈등이 있다고 '잘못된 만남'이라고 단정하기엔 아직 이르다. 그 갈등을 어떻게 받아들이느냐에 따라 성장의 기회냐 헤어짐의 시작이냐로 볼 수 있다. 아주 천천히 두 사람은 변해갈 것이다. 서로 맞춰 가는 과정에 '이혼'이라는 단어는 수십 번 나올 수 있다. 그때마다 위기라고 생각하지 말자. 성장하는 과정일 뿐이다.

성장시키는 배우자

부부는 서로 트레이너가 되어 서로를 성장시킨다. 그래서 자신을 성장시킬 수 있는 배우자를 만나는 것은 매우 중요하다. 매번 신세 한탄과 다른 사람들과의 비교만 하는 배우자를 만났다면 성장의 속도는 매우 느리게 될 수 있다. 결혼은 배움의 기회가 될 수 있다는 점을 명심해야 한다. 단순히 좋아하는 사람과 함께 사는 것으로 단순하게 생각하면 안 된다. 결혼은 상대방의 재산을 내 것으로도 만들기 위해서 하는 것도 아니고, 2세의 외모를 나보다 더 뛰어나게 만들기 위해서 하는 것도 아니다. 좋은 부모 사이에 좋은 아이가 자라게 된다. 좋은 부모가 되려면 서로 성장을 할 수 있도록 도와줘야 한다. 그래서 결혼 후에도 학습은 계속 이어져야 한다. 여행, 대화, 요리 등 모든 것이 성장을 도울 수 있다. 하지만 이런 것들에 두 사람의 동일한 성장 목적이 없다면 성장이 이루어지지는 않는다. 나중에 "그냥 의리로 살아요."란 말을 하는 것은 그런 성장이 없기 때문이다. 서로에게 큰 기대를 할 수 없는 관계가 된 것이다. 그러다보니 함께 하는 시간보다는 외부에 있는 시간을 늘릴 수밖에 없다. 그래서 그 어떤 조건보다 배움의 시작을 함께 할 수 있는 배우자를 만나는 것이 가장 큰 축복이라고 생각한다. 결혼 전까지는 학교에서 지식을 배웠지만 이제는 서로가 도와가며 인생을 배워가게 된다. 부부 두 사람 다 책을 좋아한다면 좋은 자리에서 출발한다고 할 수 있다. 한 사람은 책을 좋아하고 다른 한 사람은 책을 싫어한다면 책의 지혜를 나눌 수 없게 된다. 학교로 따지면 학년이 너무나 달라 절대로 만날 수 없고 대화의 코드가 맞지 않을 가능성이 크다. 함께 배우는 위치를 만들 수 없다는 점이다.

천생연분

천생연분 天生緣分 하늘이 정해준 인연이라는 말이 있다. 이 인연의 비밀은 태어난 년월일시로 따지지 못한다. 만약 태어난 일시로 따지는 것의 정확도가 매우 높다면 전 세계 모든 사람들이 그 이론으로 결혼 상대를 찾을 것이다. 하지만 그런 일은 21세기에도 일어나지 않았다. 오히려 부부의 결과를 보고 천생연분이라는 말을 쓴다. 즉 하늘이 정해줬다는 표현은 진짜 하늘의 법칙으로 작용한 것이 아니라 사이가 너무나 좋은 관계를 최고로 강하게 표현한 것뿐이다. 그렇다면 이 사이가 좋다는 것은 무엇을 두고 하는 말일까? 서로가 성장을 돕는 관계일 때 쓸 수 있다. 함께 할수록 성장하니 그 관계는 좋아질 수밖에 없다. 그래서 서로의 배움의 자세를 파악해서 현재 나와 맞는 단계의 사람을 만나 같은 출발선에서 시작하는 것이 매우 중요하다.

이렇게 말하니 도서관에서 함께 공부를 하는 동료를 배우자로 선택하라고 말하는 것처럼 생각할 수 있다. 하지만 부부의 공부는 그런 방식으로 이루어지지 않는다. 그 시작은 '부부싸움'이라는 형태로 이루어지기도 한다. 결혼을 하고 신혼여행을 가서 싸우는 부부가 많다. 이것을 이상하게 여길 필요가 없다. 배움의 시작이 싸움이니 너무 극단적으로 받아들이지 말고 배움의 시작점으로 삼자. 다음의 사례는 많은 부부들이 신혼 때에 겪는 내용이다.

7개월 정도 연애를 했고 자연스럽게 이 사람과 결혼을 한다면 어떻게 될까 고민을 하게 되었다. 연애의 종착역을 생각하지 않고 사귈 수만 있는 것은 아니었기 때문이다. 어느 날 "우리 결혼하면 어떨까?"라는 대화를 했고, 이 작은 대화는 매우 빨리 우리 부모님과 남편의 갑작스러운 만남으로 이어졌다. 많은 딸부모가 딸의 남자친구를 선뜻 마음에 들어하지 않는 것 같은데 우리집도 마찬가지였다. 하지만 나의 선택을 존중하셔서 우리의 결혼은 급속도로 진행됐다. 두 달 안에 상견례부터 결혼식까지 속사포로 진행되었지만 그 안에 많은 고민이 있었다. '나는 이대로 결혼을 해도 되는 것인지', '이 사람이 내가 정말로 원했던 그 상대인지', '사랑해서 결혼까지 가는 것인지' 등 걷잡을 수 없는 불안감과 내적 갈등이 함께 찾아왔다. 하지만 급속도로 진행되는 상황 속에서 내 스스로 이 진행을 멈추거나 되돌릴 자신이 없었다. 불안감 뒤에 숨어있는 기대감도 있었기에 진행의 흐름에 나를 맡기게 되었다. 그러다보니 결혼까지 쭉 자연스럽게 이루어졌다. 많은 사람들이 결혼을 준비하면서 이런 양면성있는 불안감과 기대감을 동시에 가진다고 말을 한다. 그리고 이왕 성사됐으니 기대감을 더 크게 느끼고 싶어한다. 그런데 결혼이라는 것은 예상치 못한 길로 접어들게 된다. 결혼 초에 크게 싸웠는데 그 기억을 아직도 잊지 못한다. 시간이 많이 지나 이제는 원인이 뭐였었는지 자세히 기억이 나지 않지만 사소한 생활습관의 지적이었던 것으로 기억한다. 서로에 대한 작은 지적이 감정을 상하게 하는 말로 이어졌고, 어떻게 하면 더 크게 상처를 줄까 하는 것으로 싸움은 더 커졌다. 결국 나는 그 날 밤에 집을 뛰쳐나갔다. "내 남편이 나에게 그런 말들 하다니!", "내 아내가 나에게 그런 말을 하다니!" 그 순간에는 감정적으로 매우 화가 나서 부부가 아닌 적이 되었다. 연애 때는 '넘지 말아야 할 선'을 넘지 않게 된다. 그런데 결혼 후에는 그 선을 쉽게 넘어버린다. 어떻게 서로에게 상처를 주는 배우자로 탈바꿈 되는지 이해할 수 없었다. 하지만 이제는 어느 정도 이유를 알게 되었다. 각자에게 내재된 무의식적인 '기대욕구'라는 것이 서로를 힘들게 했던 것이다. 상대에 대한 기대욕구는 연인 관계에서부터 만들어가기 시작하는데, 단순히 둘만의 영향만 있는 것이 아니라 부모로 부터 받았던 과잉과 결핍의 여러 가지 것들이 다 작용해서 무의적으로 만들게 된다. 이 복잡한 것을 만들어 결혼한 이후에 실천을 해보니 시행착오에서 문제가 많이 발생한다. 하지만 무의적으로 만들고 테스트를 하다보니 무엇이 문제인지 몰라 서운할 뿐이다. 물론 싸움을 한번 한다고 그 다음부터는 싸움을 전혀 하지 않게 되는 것도 아니다. 나는 그때의 싸움을 시작으로 수많은 다툼과 갈등을 겪었다. 그리고 항상 결론은 상대의 탓에서 원인을 찾게 된다. "내가 뭘 잘못했다는 거야", "이것도 이해해주지를 못해?" 등으로 여전히 자기 보기를 하지 못했다. 이렇게 남편과 싸울 때면 난 분노에 휩싸이는 나 자신을 발견하게 되었다. 난 분노가 올라오면 참기 힘들었다. 감정이 격해져 조절하지 못하고 바로 표출했다. 그 분노는 더 큰 싸움을 불러일으켰다. 이러한 분노감정은 단순한 부부의 관계에서 끝나지 않고 자녀에게도 전해졌다. 부부싸움을 해본 사람들은 지금 이 말에 매우 공감할 것이다. 이러한 내 분노의 원인을 들여다 보면 결국 '내 욕구충족을 위한 지나친 기대' 때문이라는 것을 알 수 있었다. 나의 부모님으로부터 받지 못했던 것들을 나는 남편에게 원했던 것이다. 그것이 생각대로 되지 않으니 쉽게 좌절하고 분노의 감정을 만들었던 것이다. 이러한 갈등은 결국 '나 자신에 대한 이해'가 된 후에 해결되었다. 두 사람이 만나 새로운 울타리를 꾸렸으니 서로에 대한 이해가 부족한 것은 당연하다. 하지만 그 전에 '나에 대한 이해'가 제대로 되지 않았던 것이다. 사람들은 자신이 어떤 음식을 좋아하고 어떤 취향을 갖고 있는지는 알지만 어떤 사람인지는 잘 모른다. 제대로 자신을 알고자 한다면 어린 시절 나와 부모님과의 관계를 살펴봐야 한다. 그 당시 양육 환경을 들여다 본다면 지금 반복적으로 일어나고 있는 갈등의 원인의 이유를 객관화시켜 바라볼 수 있을 것이다. 그 후로 남편과의 관계는 많이 좋아졌다.

위와 같이 자신을 객관적으로 바라본 후부터 부부의 성장 속도는 매우 빠르게 된다. 갈등을 만들었던 주된 이유를 해결했으니 이제는 서로 배움을 시작할 수 있는 단계가 된 것이다. 크게 성장하는 일만 남은 것이다. 하지만 이런 준비를 하지 않으면 부부싸움은 또 일어나게 되고 이혼이야기도 계속 나올 수밖에 없다. 이것은 서로 노력을 해야만 가능하다. 한쪽만 아무리 노력한다고 가능해지는 것은 아니다.

롤모델

목적이 일치해야 한다

당신은 결혼에 대한 롤모델이 있는가? 그 롤모델을 보면 당신의 목표가 어떻게 되는지 알 수 있다. 상대의 롤모델도 확인해보자. 롤모델이 누구인지 확인한 후 왜 그 사람을 롤모델로 결정했는지 그 이유도 들어봐야 한다. "저의 롤모델은 신애라씨에요. 저도 아이들을 입양해서 멋진 가정을 꾸리고 싶어요. 나만 잘 먹고 잘 사는 것을 원하지 않아요. 이웃과 함께 잘 사는 것을 실천하고 싶어요."라고 말하는 사람이 있다면, "저의 롤모델은 영화 〈귀여운 여인〉Pretty Woman, 1990에 나오는 줄리아 로버츠에요. 리차드 기어와 같은 남자를 만나 로맨스를 만끽하는 삶을 사는 것이 꿈입니다."라고 말을 하는 사람도 있을 것이다. 이 둘은 함께 살 수 있을까? 서로의 목적이 너무나 다르다. 함께 성장하도록 돕기는 커녕 바로 서로에 대해서 실망을 할 것이다. 외모와 재산만 보고 결혼 상대를 찾는 사람도 이와 같은 낭패를 겪게 될 것이다. 대학생 때 동기들과 스터디를 함께 했던 경험을 갖고 있을 것이다. 그 스터디가 잘 이루어졌던 이유는 서로의 목적이 같았기 때문이다. 잘 이루어지는 스터디일수록 벌금제도가 확실하게 세워져 있다. 공동의 목적에서 벗어나지 않도록 벌금이 통제를 확실하게 해주기 때문이다. 결혼할 배우자는 스터디 동기처럼 간단한 선택이 아니다. 서로 다른 목적을 갖고 결혼했으니 목적이 일치할 확률은 너무나 적다.

결정사에 롤모델 조건이 있는가

결정사에서 매칭해주는 것은 몇몇 조건에 맞는 서로 맞는 사람을 소개시켜 주는 것이고 직접 만나서 이런 목적을 대화로 확인하게 된다. 결정사에서 따져보는 조건 중에서 이런 롤모델과 같은 조건도 포함시킨다면 좀 더 완벽한 매칭이 되지 않을까 한다. 나는 이런 내용을 어느 결정사의 대표와 이야기를 한 적이 있다. 흔쾌히 이 내용을 수용하기로 했고 바로 그 조건을 도입했다. 종종 그 대표와 연락을 하는데 "고객들이 이런 조건도 여기에는 있어요? 너무나 세심하네요. 사실 저도 이런 가치관이 맞는 사람을 만나고 싶거든요. 훌륭한 시스템에 놀랐습니다."라는 평가를 들었다고 한다. 심리와 성격을 교육하기에 이런 내용을 결정사 관계자들에게도 전달을 하고 있다. 하지만 경영방침에 따라 모든 회사들이 다 도입하는 것 같지는 않다. 결정사는 결국 사람의 깊은 것을 다루지 않으면 안 되는 직종이다. 살아남는 회사와 없어지는 회사는 경영자를 만났을 때 대화를 통해서 어느 정도 알 수 있다. 고객의 수를 돈으로 보기만 하면 결국 오래가지 못한다.

롤모델과 비교모델
롤모델이 있다는 것은 그 사람의 결혼 목적을 간접적으로 확인할 수 있으며, 그 목적을 위해서 노력을 하는 사람이라고 볼 수 있다. 당신의 롤모델은 누구인가? 초등학교 때 읽었던 위인전기의 인물이라도 소환해보자. 다만 롤모델과 비교대상을 혼동해서는 안 된다. 한 사람의 이야기를 살펴보자.

가장 이상적인 부부를 꼽으라면 나는 망설임 없이 우리 친정 부모님을 이야기할거에요. 아버지는 언제나 아내로, 며느리로, 네 아이의 엄마로 살고 있는 나의 어머니를 최고라고 칭하고 그 수고로움에 감사를 자주 표했어요. 어머니 역시 한 가정의 가장으로, 회사에서나 집에서 역할을 충실히 하는 아버지께 존경과 칭찬을 아낌없이 표현했어요. 언제나 서로 존중하고 배려하는 모습을 보며 "나도 이 다음에 결혼하면 꼭 우리 아빠와 같은 사람이랑 결혼해야지."라는 생각을 했어요. 그래서 내가 보는 남자의 기준은 언제나 우리 아버지였어요. 결혼 전에 남편이 될 사람에게 "우리 아빠는 안 그랬는데. 우리 아빠였다면 이렇게 했을텐데!"라는 말을 수시로 했고 남편은 만나본 적도 없는 장인어른과 늘 비교를 당해야 했어요. 지금 생각해보면 남편에게 너무나 미안했지만 나도 모르게 이상적이고 바람직한 남편의 모습은 우리 아빠 같은 사람이라고 결론을 내리고 그 프레임에 내 남편을 억지로 끼워 맞추었더라고요. 있는 그대로의 모습을 사랑하기보다 나와 살고 있는 남편에게서 바람직하고 이상적인 배우자의 모습을 요구했어요.

롤모델을 이상적인 기준으로 삼고 그 모습으로 간 것이 아니라 상대를 비교하는 기준으로 삼은 것이다. 위에서 말한 서로 존경하는 부부도 분명 서로 서운했던 것이 있을 것이다. 그리고 비교를 당한 남편 또한 이상적이라고 생각하는 아내의 모습이 없을까? 그도 롤모델로 생각하는 여성상이 있겠지만 자신이 원하는 이상적인 기준을 아내에게 강요하지 않았을 수도 있다. 롤모델은 비교하라고 설정하는 것이 아니다. 자신이 먼저 그와 같은 사람이 되기 위해서 현실적인 매뉴얼을 삼는 것이다. '누구네 집은', '누구 남편은', '누구네 부모는'과 같은 말처럼 '누구네'라는 말을 사용하지 말자. 이 말은 상대방이 일방적으로 그렇게 해주기를 바라는 말이다. 롤모델이 아니라 듣기 기분 나쁜 비교모델이다.

5

두 집안의 연결 결혼의 평화 효과 | 집안의 경제력 차이 | 집안의 학력 차이 | 차이를 좁히는 평생교육 | 부모에 대한 자세

남자와 여자 남자의 역할 | 여자의 역할 | 부모님의 모습이 떠오른다 | '하나'라는 것의 의미

출산과 육아 남자는 잘 이해하지 못한다 | 육아의 피곤함 | 출산 결정은 어떻게? | 무례한 조언 | 경력 단절 | 다시 회상

수입과 지출 남는게 없다! | 가계부를 쓰나요?

성격의 변화 성격 변화한다? | 성격 공부 늦지 않았다 | 시댁을 통한 성격 변화 | 육아를 통한 성격 변화 | 포기가 아닌 성숙

자녀 교육 완벽한 아이 팔아요 | 행복을 빼앗은 부모 | 교육관 확인했는가?

가치관 대화 필요 민감한 것의 대화 필요 | 가정에서의 대화 시간 보장

바뀌는 삶

두 집안의 연결

결혼의 평화 효과

결혼을 통해서 인생 처음으로 두 집안의 연결이 이루어진다. 이 결혼을 통한 연결의 효과는 과거 세계사에서 전쟁을 막는 효과로 작용했다. 왕의 자식은 자신의 의지와 상관없이 나라의 안전을 위해서 모르는 타국의 자식과 결혼을 해야 했다. 그래서 결혼은 사랑으로만 이루어지는 것이 아니라 여러가지 목적을 위해서 이루어지는 것이라고도 할 수 있다. 가족이 되는 것으로 전쟁을 막으니 이런 결혼이 나쁘다고 할 수는 없다. 이런 결혼에는 당연히 로맨스는 없다. 불안감과 무서움이 있을 것이다. 과거의 이야기 말고 이제 요즘 이야기를 해보자. 요즘도 사랑없이 결혼하는 경우가 있다. 특히 고위층의 경우 더욱 그렇다. 지금까지 만들어온 집안의 것들을 아무하고 연결하고 싶지는 않을 것이다. 일단 연결하고 그 다음 사랑하는 감정을 만들면 된다. 이 책을 읽는 독자의 대부분은 국가 간의 관계를 위해서, 집안의 많은 결실을 연결하기 위해서 결혼하는 당사자는 아닐 것이다. 내세울 것이 없는 집안의 결혼일지라도 그 집안 나름 따질 것이 있다. 로미오와 줄리엣 같은 집안사가 있을지 모르는 것이다.

집안의 경제력 차이

집안이 서로 맞지 않는 요인은 여러가지다. 가장 큰 요인은 경제력일 것이다. 이것은 단순히 재산의 숫자 차이가 아니다. 경제력에 따른 삶의 스타일이 다르다. 경제력이 큰 집안에서 그냥 표현하는 것이지만 다른 집안에서는 무시한다고 생각할 수 있다. 선물을 하더라도 제품의 가격이 다를 수밖에 없다. 함께 어떤 일을 계획을 할 때 비용분담의 문제도 생기게 된다. 그래서 보통 비슷한 경제력의 집안끼리 결혼하는 것도 일리가 있다.

집안의 학력 차이

학력이라는 요인도 크게 작용한다. 한 집안은 기본 4년제 대학교 졸업인데 다른 집안은 대부분 고졸이라고 가정해보자. 끌어다 쓸 수 있는 지식의 수준이 다르며 사용하는 어휘력이 다를 수 있다. 지식의 차이로 인해서 무시하는 쪽과 무시받는 쪽이 생긴다. 일부러 그렇게 하려고 한 것이 아니라 자연스럽게 벌어지는 일이다. 경제력과 더불어 학력도 어느 정도 비슷한 수준을 맞출 필요가 있다. 집안이 연결되다보니 간단한 문제로 끝나지 않을 수 있다. 혼수 준비 차이로 왜 결혼이 취소되겠는가? 무조건 부자를 욕할 것도 아니다. 이것은 집안의 연결이라는 복잡한 연결이 작동하기 때문이다.

차이를 좁히는 평생교육

모든 집안이 돈과 지식으로 사람을 평가하는 것은 아니다. 자본주의 사회에서 경제력의 차이는 충분히 이해할 수 있는 부분이다. 지식의 차이는 줄여나갈 수 있다. 평생교육을 하면 된다. 하고 싶은 것을 위해서 꾸준히 배울 수 있는 시대가 되었다. 배우고자 하는 자세가 있으면 된다. 그 자세에 따라 가치관의 차이가 점점 벌어진다. 이 가치관은 서로 맞춰갈 수 없다. 지금까지 살아온 것과 앞으로 공부하는 것에 따라 만들어져 가는 것인데 그것이 다르면 서로에 대해서 실망을 하게 된다. 그리고 앞으로 맞춰갈 수 있다는 희망도 예상할 수 없게 된다.

부모에 대한 자세

집안의 연결에서 추가적으로 고민해야 하는 것은 부모에 대한 자세를 꼽을 수 있다. 결혼을 했다는 것은 부모가 늘어난 것이며 점점 생활력과 체력이 약해지는 부모의 삶에 대해서도 함께 고민을 해야 한다는 것이다. 만약 어른에 대한 공경심과 부모에 대한 효심이 부족한 사람과 결혼을 했다면 집안의 연결은 하나

의 재앙이 될 수 있다. 이런 사람은 결혼 안에 집안의 연결을 포함시키지 않는다. 결혼과 함께 이루어지는 집안의 연결을 제거해야 할 안 좋은 관습으로 생각한다. 이 사람은 패륜悖倫적 기회주의자처럼 보일 수 있다. 결혼을 하면 내 일정이나 계획과는 상관없는 일들이 많이 생긴다. 이를테면 양가 어른들의 생신, 제사, 경조사에 대한 일들이다. 이때 많은 부부들이 배우자에 대해서 서운함을 느낀다. 그래서 집안의 연결에 관련된 집안 행사에 대해서도 꼭 준비해야 한다. 어차피 매년 해야 할 일들이다. 서운함을 느낄 일이 아니라 새롭게 배우는 일이라고 생각하자. 처음 겪는 것이니 실수는 있을 수 있다. 다음의 사례를 살펴보자.

나30대 여성는 결혼과 동시에 제수씨弟嫂氏, 동서同壻, 숙모叔母라는 호칭을 갖게 되었다. 남편 역시 나와 결혼을 함으로써 제부弟婦, 동서, 매형妹兄, 이모부姨母夫라는 호칭을 갖게 되었다. 나와 남편이 혼인신고를 하면서 생전 처음 보는 피 한 방울 섞이지 않은 이들과 가족이라는 관계로 엮이게 되었다. 신학기에 새로 친구를 사귀거나 처음 입사한 직장에서 인간관계를 새롭게 맺는 것과는 다른 인관관계의 시작이었다.
두 집안이 연결된다는 것은 각자 다른 문화와 가풍을 가진 집에서 자란 남자와 여자가 서로의 집안에 새롭게 적응해야 한다는 것이다. 난 결혼을 하자마자 가장 먼저 남편에게 시댁 제사와 시부모님 생신이 언제인지 물었다. 그리고 명절에 장은 어떻게 보고 음식은 어떻게 준비하는지 미리 정보를 물어봤다. 명절이 되고 직접 경험해보면 터득할 부분이라는 것을 나도 안다. 하지만 난 결혼을 한 사람으로서 이것만큼 중요한 것이 없다는 것을 알기에 남편에게 하나하나 상세하게 묻고 정리를 했다. 의욕 넘치는 나에 비해 남편은 시큰둥했고 그닥 요긴한 정보를 얻을 수 없어 시부모님께 여쭤어 볼 수밖에 없었다. 아버님께서는 사람 사는 것 다 똑같으니 너무 잘 하려고 애쓰지 않아도 된다는 말씀을 하셨다. 여기까지만 말씀하셨으면 감동이었을 건데 덧붙인 말씀이 있었다.

"니가 인쟈 우리 집에 들어왔으니 우짜든동 너거 동서들끼리 잘 지내면 된다. 너거 형님들한테 전화 자주하고 너거들끼리만 잘 지내면 된다. 우짜든동 잘 지내라."

'형님들 말씀 잘 듣고 시댁문화를 잘 터득해라'라는 말씀인 것 같았다. 그 후로도 우리부부가 어떤 일을 할 때면 "너거 형님들한테 물어봤나?"라는 말씀을 꼭 하셨다. 즉 형님들에게 시댁에서는 어떻게 일처리하기를 원하는지 꼭 확인하고 하라는 말씀이었다. 우리 부부는 결혼을 하고 독립을 했지만 부모님은 자식을 독립된 인격체로 인정하지 않는 느낌이다. 여전히 부모님의 막둥이 아들, 막내 며느리일 뿐이고 아직까지도 부모님의 돌봄이 필요한 존재로 보고 있는 것이다. 그래서 결혼을 하고 가정을 이룬 자식의 일이지만 지나친 관심으로 하나하나 알고 싶어 하셨다. 때로는 어떤 결정을 내릴 때 당신들의 목소리를 내고자 하셨다. 이럴 때 거부하기 보다는 적당히 아름다운 거리를 유지할 필요가 있다. 부모님의 요구가 과하고 선을 너무 넘는다고 느껴지면 그 거리를 지키기 위해 지혜롭게 대처할 필요가 있다. 일일이 설명하고 설득하며 감정 소모하라는 이야기가 아니다. 부모님의 입장에서는 자식들을 생각해서 하시는 말씀일 것이다. 그 부분은 받아들이되 그 말의 내용에 대해 일일이 의미부여하고 반응하지 말고 한 귀로 듣고 한 귀로 흘릴 줄 알아야 한다. 문화가 다른 두 집안이 만났기 때문에 문화 차이로 인한 갈등이 생길 수 있다. 그럴 때마다 "우리 집은 이런데 당신 집은 왜 그래?"라고 말을 해서는 안 된다. '각 집안이 살아온 방식이 달라서 그렇구나'라고 생각하며 넘겨야 한다. 쉽지 않아도 그래야 한다. 결혼을 했다면 이런 감정과 생각을 통제할 줄 알아야 한다. 이것이 틀린 게 아니라 다르다는 것을 인정하는 과정이다. 서로 다른 문화 차이를 이해하려고 노력해야 한다. 두 집안의 문화 차이의 이해의 시작으로부터 또 하나의 가정문화가 시작된다.

남자와 여자

결혼을 하기 전에는 청년이요 남자와 여자였다. 결혼을 하면서부터 추가되는 것이 있다. 어른이며 성인이고 남편과 아내이며 또한 부모가 된다. 즉 여러가지 사회적인 책임이 따른다는 것이다. 그 전까지는 어느 정도 철부지라도 이해할 수 있지만 이후에는 욕을 먹게 된다. 그리고 남녀 평등이라고 하지만 이 사회가 성별에 따라 어느 정도 역할을 요구하는 것이 있다.

남자의 역할
여전히 남자는 경제력을 책임지는 경우가 많다. 그런데 결혼을 하게 되면 이전에 비해 몇 배의 수입을 마련해야 한다. 자신 혼자만 먹고 사는 것이 아니라 배우자와 자녀까지 먹여 살려야 한다. 결혼 전에는 부모님 집에서 얹혀살아 어떤 비용이 얼마나 나가는지 몰랐을 것이다. 독립해 직접 세대주가 되는 순간 많은 돈이 통장에서 빠져나감을 알게 된다. 첫 느낌은 강도가 훔쳐가는 것 같을 것이다. 가장은 이전보다 훨씬 많은 돈을 벌어야 한다. 남자가 경제력이 약해지면 가장 불쌍해진다고 하는 이유도 이 때문이다. 가장 큰 역할을 맡고 있는데 그것을 하지 못하니 치명적인 상황이 벌어진다.

여자의 역할

여자는 어떤 역할을 주로 맡을까? 육아와 살림이다. 육아를 주로 맡게 되는 이유는 수유를 하기 때문이며 남자보다 상대적으로 아이를 잘 돌보기 때문일 것이다. 반대로 보면 남자가 육아를 잘 하지 못하기 때문에 여자 입장에서도 남자에게 맡기는 것이 못 미더울 것이다. 또한 남자가 경제를 책임지기 위해서 활동을 외부에서 주로 하기에 여자는 상대적으로 집에 있을 수 밖에 없다. 그래서 집안 살림을 자연스럽게 책임지게 된다. 그런 과정에서 요리도 여자에게 요구되는 역할이 되었을 것이다. 하지만 이런 생활 패턴으로 사는 사람들이 많이 줄어들었다. 더 많은 활동을 하는 여자, 더 큰 돈을 버는 여자 즉 경제적인 능력이 더 뛰어난 여성이 늘어나다보니 역할을 반대로 하거나, 함께 해 나가는 경우도 많다.

부모님의 모습이 떠오른다

어떤 역할을 맡던지 결혼 전과는 다른 어른의 모습을 갖추어야 한다. 너무나 바쁜 나머지 결혼 전의 자유로웠던 모습을 그리워하기도 한다. 그리고 결혼이 마치 구속하는 원인이라는 생각이 들며 그 모든 책임을 배우자에게 돌리고 싶을 것이다. 하지만 우리가 자녀였을 때 부모님이 그런 역할을 책임졌기 때문에 내가 자유롭게 지낼 수 있었던 것이다. 그 당시 부모님과 함께 지내고 있었으면서도 그들의 역할과 책임을 잘 몰랐다. 관심조차 없었다. 오히려 원하는 것을 해주지 못했을 때 서운함을 표현하고 짜증을 내기에 바쁘지 않았나 후회스럽다. "너도 나중에 결혼해서 너랑 똑같은 애 키워봐라."라고 하는 말이 이때에서야 이해가 된다. 남자와 여자의 역할에 대한 한 여성의 이야기를 들어보자.

"아무리 시대가 바뀌고 좋아졌다고 하지만 여전히 결혼이라는 제도는 여성들에게 좀 더 불리한 것들이 많다. 가족 안에서 며느리의 역할과 지위는 아직도 제자리 걸음이다. 예를 들어 사위는 처가에 가면 장모님이 차려주는 밥상을 맛있게 먹고 나서 설거지를 해야 할 의무감을 느끼지는 않는다. 그저 맛있게만 먹으면 그뿐이다. 며느리는 다르다. 시어머니가 차려준 밥상을 맛있게 먹었다면 설거지를 한다거나 과일을 깎는 등의 노동을 해야 한다.
명절에는 또 어떤가? 여자들이 분주히 명절 음식을 다듬고 만들 동안 남자들은 거실에 둘러앉아 서로의 근황에 대해서 이야기를 하거나 등산을 다녀오기도 한다. 매 식사 때마다 여자들이 부지런히 상을 차리고 설거지를 할 동안 남자들은 차려진 밥상을 먹고 후식으로 과일을 먹으면 된다. 물론 요즘에는 남자들도 설거지에 동참하는 집도 많이 늘었다고 하지만 아직도 여성들에게 불리한 것들이 더 많이 보인다.

사실 남자들도 힘들긴 마찬가지다. 일단 결혼을 함으로써 '가장'이라는 짐을 지게 된다. 누구도 가장의 책임을 강요한 적 없지만 남자는 스스로 자의 반 타의 반으로 가장이라는 짐을 짊어지게 된다. 아이가 태어나면 경제적으로 더 큰 부담감을 가지게 되니 가장의 무게는 더 무거워질 것이다. 간혹 남편과 아내 누가 더 일이 많고 더 힘든지 논쟁을 벌이기도 한다. 밖에서 하루 종일 일하고 들어온 남편과 하루 종일 아이를 돌보며 집안일 하는 아내 중 누가 더 힘드냐 서로 주장을 한다. 맞벌이 가정이라면 아내의 노동강도가 훨씬 더 클 것이다. 그러나 굳이 여기서 누가 더 힘든지 시시비비를 따지는 것은 큰 의미가 없다. 남편과 아내 모두 가치 있고 귀한 노동을 하고 있기 때문이다. 누가 더 손해를 보고 누가 더 불리한지에 대해 이야기를 하는 것보다 결혼을 통해 남편과 아내 두 사람이 톱니바퀴 맞물리듯 서로 맞춰가야 하는 부분에 더 초점을 두고 이야기하는 것이 의미있다. 앞으로 적게는 30년, 길게는 60년 이상을 함께 해야 하는 부부 사이에 결혼이라는 계약이 갈등의 원인이 되지는 않아야 한다. 아무리 사랑하는 사이라도 갈등과 다툼은 피할 수 없을 것이다. 하지만 적어도 서로를 원망하고 탓하기보다 그 갈등과 다툼을 좀 더 성숙하게 극복하는 방법을 찾아야 한다. 서로 원망하고 체념하기보다 서로의 이야기를 들어주고 공감하며 두 사람의 결혼생활을 견고히 다져가야 한다."

'하나'라는 것의 의미

남자와 여자라는 성별의 차이도 있지만 이제는 하나의 공동체가 된다. 그런데 이 '하나'라는 것은 그 어떤 관계보다도 가장 친밀한 공동체가 된다. 지금까지는 그런 '하나'의 삶을 살아본 적이 없다. 하지만 이제부터는 진짜로 하나로 생각하고 행동해야 할 때가 있다. 부모를 떠나 배우자와 한 몸을 이룬다는 의미는 육체적인 연합뿐만 아니라 부모님의 울타리를 떠나 남편은 아내를, 아내는 남편을 책임지는 연합을 의미한다. 각자 가정을 위해 서로가 책임을 다할 것을 다짐한다고 볼 수 있다. 결혼은 사랑하기 때문에 기꺼이 자신을 내어주고, 헌신을 해도 아깝지 않다는 계약을 하는 것이다. 그래서 분명 얻는 것도 있지만, 포기해야 하는 것들도 많다는 것을 알아야 한다. 당신은 무엇을 포기할 수 있는가? 결혼 전에 말로만 결정하는 것은 큰 의미가 없다. 살면서 계속 겪게 되는 것이기 때문이다. 가족 때문에 참을 수밖에 없는 장면을 우리는 드라마에서 많이 보았다. 사랑하는 아내와 자녀를 위해 직장 상사로부터 궂은 소리를 들어도 참는 남편의 모습, 경제적인 상황으로 시장에서 물건 값을 심할 정도로 깎는 아내의 모습을 본 적이 있을 것이다. 남자와 여자의 역할을 정하자는 것이 아니라 한 몸을 이루었을 때 서로의 책임을 다 하는 것의 중요성을 말하는 것이다.

출산과 육아

남자는 잘 이해하지 못한다

두 집안의 연결, 큰 경제적 지출 등 많은 변화가 다가오지만 뭐니뭐니해도 출산과 육아가 가장 큰 변화와 충격일 것이다. '출산과 육아'는 가족계획, 임신, 출산, 육아, 공교육과 사교육 등 모든 것을 포함하는 단어다. 임신은 여자의 몸에서 이루어지는 것이다보니 남자는 이해를 잘 못하는 경우가 많다. 그래서 출산을 하러 산부인과에 갔을 때 함께 가지 않는 남편, 함께 가서도 병실에서 핸드폰으로 게임을 하는 남편 등 말도 안 되는 행동을 하는 남편들이 있다. 이들은 아내의 출산을 치과치료 정도를 받으러 간 것으로 생각하는 것이다. 모든 남자가 다 이런 것은 아니지만 그만큼 여성의 출산에 대해서 정보를 얻을 기회가 별로 없는 것도 사실이다. 출산 후에도 산후조리가 왜 필요한지 모르는 사람도 많다. 며칠 고생하면 괜찮아지는 감기몸살 정도로만 생각하는 것이다. 출산의 고통이 어느 정도인지 남자도 느낄 수 있도록 해주는 실험이 있었는데 직접 체험을 하는 것은 아닐지라도 그 영상을 보여줄 필요가 있다. 알려줘야 이해한다.

육아의 피곤함

주변 어른들이 임산부에게 "아이가 뱃속에 있을 때가 좋을때야!"라는 말을 한다. 임산부에게는 그 말이 이해되지 않겠지만 태어나서 키우다보면 무슨 말인지 바로 알게 된다. 아이는 태어

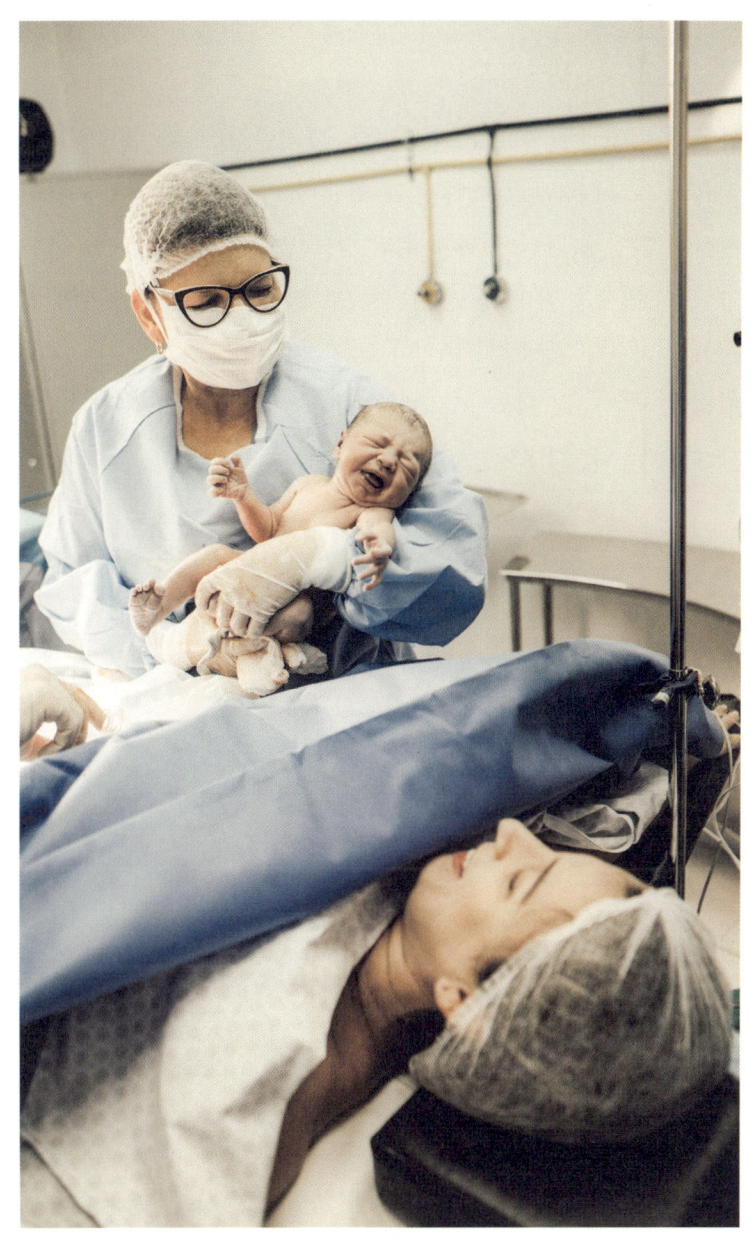

출산과 육아

나면 밤낮 가리지 않고 운다. 그래서 부모도 밤에 제대로 잠을 잘 수 없다. 이때 육아의 책임을 여자에게 돌리는 남자는 우는 아이와 아내에게 짜증을 내게 된다. 달래면 쉽게 아이가 조용해질거라고 단순하게 생각하는 것이다. 밤마다 우는 아이가 어느 시점이 되면 숙면을 취하게 된다. 하지만 그 다음 단계의 돌봄이 또 이어져야 한다. 연년생 아들 두 명을 키우는 집은 매일 전쟁이 벌어진다. 무조건 1층이나 1층이 없는 2층에 살아야 한다. 자정이 되는 시간에도 뽀로로를 보여주지 않는다고 매일 밤마다 때를 쓴다. 학교에 들어가게 될 때쯤에는 아이와 대화가 어느 정도 되며 타협도 가능해진다. 하지만 이때부터는 주변의 사교육 유혹이 시작된다. 태권도·수영·영어·스케이트·무용·학습지·태블릿을 통한 공부 등 많은 사교육 업체들이 배고픈 사자처럼 내 아이에게 접촉을 시도한다. 사실 그 시도는 아이가 아닌 부모에게 온다.

출산 결정은 어떻게?
결혼을 하면서 시작된 출산은 해치워야 하는 일이 아니라 계속 함께 가야 하는 일이다. 그 일로 인해서 나라는 사람도 존재하지 않은가. 힘든 일이지만 의미있는 일이다. 의미있다 할지라도 너무 힘든 일이다. 그래서 아이를 낳지 않는 사람들이 늘어나고 있다. 아이를 낳는 것이 애국자라고 말하고 싶지는 않다. 왜냐하면 나라보다 먼저 생각할 것이 가정이고 자기 자신이기 때문이다. 아이를 낳아 잘 키울 자신이 없다면 출산을 포기하는 것도 좋은 방법이다. 부모의 실수로 사망하는 아이, 버려지는 아이, 불행해지는 아이가 너무나 많다. 만약 부모님께 "저희는 아이를 낳지 않기로 했어요. 키울 자신이 없어요. 앞으로의 시대에는 더 키우기 힘들어요."라고 말을 하면 부모님은 "낳으면 다 키우게 되어 있어."란 말을 할 것이다. 이 말은 본인들이 그렇게 키웠기 때문이다. 철저한 준비를 해서 키우지 않았지만 그래도 결과적으로 문제가 없이 잘 키웠다는 것을 말하는 것이다. 이 답변은 부모 자신의 경험에 기초한 답변이다. 아이를 낳아 불행해진 가정도 많다. 그 집안의 결과는 전혀 참고하지 않은 발언이다. 물론 부정적인 결과를 예상하면 어떤 것이라도 할 수 없다. 아이를 낳고 키우는 주체는 부부다. 손주를 보고 싶은 마음은 이해를 하지만 자녀의 결정도 존중을 해줘야 한다.

무례한 조언

출산과 육아에 대한 주변의 조언은 엄청나다. 그런데 신기하게도 레퍼토리 repertory 가 정해져 있다. "결혼한 지 몇 년 됐어요?", "아이는 몇 살이에요?" 아직 아이가 없다고 하면 "둘 중 누구에게 문제가 있어요?", "정부지원 받아서 시험관 시술 한 번 받아봐요." 심지어 처음 만난 사람조차도 이런 말을 한다. 아이가 아직 없는 이유는 매우 많을 수 있다. 계획이 없거나 시점을 나중으로 미루었을 수도 있다. 건강적인 이유로 없을 수도 있고, 유산을 한지 얼마 안 되었을 수도 있다. 기존의 어른들은 '아이없음'에 대해서는 질문 자유이용권을 얻은 것처럼 모르는 사람에게도 질문권을 사용한다. 부부는 아이없음에 대해서 답변을 할 의무가 없다. 무례한 질문을 한 사람에게 "무례한 질문입니다."라고 당당히 답변을 할 시대가 곧 올거다. 특이한 건 이 무례한 질문은 주로 여성 사이에서 이루어진다. 가장 잘 이해할 수 있는 관계인데 아이러니하다.

경력 단절

출산과 육아의 또 다른 문제는 여성의 경력 단절이다. 아이를 키우는 동안 아무것도 할 수 없다. 아직도 "옛날에는 아이 업고 밭일도 하고, 거기에서 애도 낳고 그랬어."와 같은 말을 하는 어른이 있다. 육아의 1차적 의무가 주로 여성에게 요구되다보니 잘 다니던 직장도 그만두게 된다. 아이를 어느 정도 키우고 다시 일을 시작하려고 할 때 그 시작이 쉽지 않다. 그래서 요즘은 남편 직장에서 육아휴직을 주는 경우도 많다. 남편이 육아에 더 잘 맞을 수도 있으니 말이다. 경력단절에 대한 선입견도 좀 바뀌어야 하며 쉽게 다시 일을 시작할 수 있는 방안이 사회적으로 필요하다. 그랬을 때 여성은 육아, 그리고 육아 이후의 일 시작에 대해서도 두려움을 떨쳐버릴 수 있다. 이런 사회가 안정된 사회라고 할 수 있다. 마음 편히 출산과 육아를 선택하고 진행할 수 있는 사회 말이다.

다시 회상

육아의 시작점으로 다시 돌아가보자. 결혼을 하고 두 사람의 갈등을 겪고 있는 시점에 아이가 생겨 바로 다른 것들은 다 제쳐두고 아이에게 집중하게 된다. 짧은 기간 안에 엄청난 삶의 변화를 겪는다. 결혼식·신혼·임신·출산·육아까지 어느 하나 제대로 마음의 정리를 하지 못하고 일사천리로 진행을 시켰다. 사실 시킨게 아니라 그냥 하다보니 그렇게 된 것이다. 그러다보니 정신을 차릴 수 없다. 어느 순간에 아빠와 엄마가 된 것이다. 이때쯤 되서야 "내가 왜 결혼식의 스드메스튜디오, 드레스, 메이크업에만 그렇게 집착했지? 그게 중요한게 아니었는데."란 생각을 한다.

출산과 육아   195

수입과 지출

남는 게 없다!

결혼 전에는 100만원만 있어도 한달을 지낼 수 있었다. 하지만 결혼 후에는 500만원을 벌어도 남는 것이 없다고 말한다. 심지어 빚이 있다면 1000만원을 벌어도 남는 것이 없는 것 같다. 문제는 그 이유를 모르겠다. 도대체 어느 정도까지 벌어야 할지 모르겠다. 왜 이런 일이 벌어질까? 수입과 지출을 잘 따져봐야 한다. 500만원 이상을 벌어도 남는 것이 없다는 것은 지출이 그만큼 크다는 것이다. 결혼 전에는 그런 지출이 없었는데 결혼 후에 생겼다는 것인데 과연 어떤 것들이 있을까?

- 대출이자와 원금
- 의료보험
- 연금보험
- 관리비
- 전기세
- 상하수도세
- 도시가스비
- 자동차 할부비
- 자동차 보험
- 주유비
- 암보험과 실비보험
- 자녀 보험
- 핸드폰 요금

- 주민세, 지방세, 교육세
- 정수기 렌탈료
- 가전제품 할부비
- 가족 전체 식비
- 도로사용료

이 외에도 많은 돈들이 지출된다. 줄일 수 있는 비용이 없다. 할부 하나가 끝나면 또 다른 제품을 구입하게 되어 할부가 시작된다. 살면서 소모품 교체는 계속 이어진다. 공기청정기와 정수기가 필요없던 시절이 있었는데 이제는 필수품이다. 앞으로 또 어떤 제품이 또 필수품이 될지 모른다.

가계부를 쓰나요?

사람들은 100만원에서 500만원으로 늘어난 수입만 기억한다. 지출은 그 이상으로 늘어났는지 확인을 해봐야 하는데 가계부를 쓰는 사람이 그리 많지 않다. 특히 현금보다는 거의 신용카드로 결제를 하다보니 지출이 얼마나 크게 늘어나는지 무감각해진다. 몇 달 정도 수입과 지출을 항목별로 기록해보자. 전혀 생각지 못한 지출을 발견하게 된다. 원래 있었던 지출인데 그것의 비중이 얼마나 큰지 몰랐던 것이다.

불필요한 지출이 있었다면 그것은 반드시 줄이자. 그렇게 되면 가정의 행복도는 크게 증가한다. 가계부 쓰는 것을 궁색한 행동이라고 생각하는 사람이 있을까봐 말씀드린다. 절대 궁색한 것이다. 매우 현명한 어른이 되는 길이라는 점.

성격의 변화

성격 변화한다?

사람의 성격은 쉽게 변하지 않는다. 그런데 그 변하지 않는 성격도 변하게 될 때가 있다. 큰 충격이 있을 때, 큰 변화를 필요로 할 때 그렇다. 결혼은 충분히 그런 계기가 될 수 있다. 그것은 성숙해지는 과정이라고도 할 수 있다. 결혼하기 전이나 후에 큰 성격의 변화가 없다는 것은 자기 고집을 고수하고 있다고 볼 수 있다. 배우자와 자녀, 배우자의 부모와 가족도 신경을 써야 하는 상황인데 어떻게 자기 모습을 고집할 수 있겠는가. 결혼 후에 "나 예전에는 이랬는데 이제는 그렇지 않아. 그게 아니더라고."라는 말을 하는 것은 그만큼 어른이 되어가는 표현이라고 할 수 있다. 변화를 싫어하는 사람도 변화를 피하지 말고 직면해야 하며, 재미있는 것만을 찾아다닌 사람일지라도 재미없는 반복되는 일을 해야 한다. 책임감이 커지니 자신이 거의 사용하지 않은 반대의 성격도 써야 하는 어른이 되어간다는 것을 명심하자. 그런 상황이 길어지면 실제로 성격이 변한다.

성격 공부 늦지 않았다

사람들이 이때부터 성격 공부에 관심을 갖는다. 급해야 찾게 되는 것 같다. 단순히 성격의 종류에 대해서만 공부하는 것이 아니라 성숙한 성격이 되기 위한 공부를 한다. 사실 성격에 대한 공부는 결혼 상대를 만나기 전에 해야 더 효과적이다. 하지만 그 전에는 그런 중요성을 잘 알지 못한다. 늦었다고 생각하지 말고 지금이라도 공부한다면 멋진 어른, 멋진 노인이 될 수 있다. 절대로 늦지 않았다. 어르신들은 공경을 받기 위해서 반드시 조심해야 하는 것이 '꼰대 모습'이다. 이 꼰대가 되지 않기 위해서라도 성격에 대한 공부는 중요하다. <2 새로운 사람과의 만남 - 이런 사람은 만나면 안 된다>에서 그와 같은 사람들을 설명했다. 더 자세한 공부를 원하는 사람이라면 '에니어그램'과 '교류분석'을 공부해보자.

시댁을 통한 성격 변화

성격의 큰 변화는 이전에 사용한 성격을 사용하지 못하게 되는 충격을 받을 때에 이루어진다. 결혼을 하면 이런 기회는 많아진다. 다음 며느리의 이야기를 살펴보자.

나 나름대로는 똑 부러지게 할 말 하는 성격이다. 그런데 이상하게 시댁만 가면 하고 싶은 말은 고이 묻어두고 웃기만 한다. 어떠한 오해도 진실된 대화로 풀 수 있다고 생각하지만 희한하게 그 진리가 시댁에서는 통하지 않을 때가 더 많다. 며느리가 되는 순간 '할많하않'할 말은 많지만 하지 않겠다의 상황들을 수없이 맞닥뜨리게 된다. 뭔가 불합리한 상황을 마주하게 되거나 무심결에 내뱉은 시부모님의 말에 상처를 받아도 그저 웃어넘겼다. 그 상황에서는 아무렇지 않았는데 집에 와서 곰곰이 생각해보면 내가 왜 가만히 있었을까 뒤늦게 후회하기도 한다. 만약 내가 시댁에서 내가 하고 싶은 말을 고스란히 다 한다면 내 속은 후

련하겠지만 싸해진 그 분위기 수습은 어떻게 할 것이며, 도대체 딸 교육을 어떻게 시킬거냐며 우리 부모님 욕을 할 수도 있을 것 같다는 두려움이 밀려온다. 무엇보다 나는 시댁 식구들에게 칭찬받고 예쁨을 받기 위해 애쓰는 며느리였으므로 쿨한척 웃어넘기는 것이 맞다고 스스로 최면을 거는 것 같다. 우리 시댁 식구들이 나쁜 사람이라서가 아니라 며느리이기 때문에 느끼는 감정이다. 어른들은 무심코 하시는 말씀이지만 그 말들이 며느리인 나에게는 가슴에 콕 박히는 말들이라는 것이다.

몇 년 전 인스타그램을 뜨겁게 달군 웹툰〈며느라기〉가 떠오른다. 여주인공 민사린이 결혼 후 처음 맞이하는 시어머니의 생신·집안 제사·명절에서 경험하는 낯설고 묘한 분위기를 보여주는데, 결혼한 여성이라면 누구나 비슷한 경험을 했을 것이다. 웹툰이 올라갈 때마다 1,700여 개의 댓글이 달리고 논쟁이 일어났다. 처음에는 웹툰을 보면서 내 마음도 불편했다. 무엇이 내 마음을 불편하게 했을까? 곰곰히 생각해보니 나 역시도 며느리이기 때문이었다. 민사린의 시어머니가 마치 우리 시어머니 같았고 민사린의 시댁분위기가 우리 시댁의 분위기와 같았다. 물론 내 남편은 "우리 집은 그 정도는 아니야. 우리 어머니는 절대 안 그러셔."라고 철썩 같이 믿고 있겠지만 말이다.

'며느라期'라는 말은 사춘기, 갱년기처럼 며느리가 되면 겪는 시댁 식구에게 예쁨 받고 싶고 칭찬 받고 싶은 시기이다. 보통 1, 2년이면 끝나는데 사람에 따라 10년 넘게도 걸리고, 끝나지 않기도 한다. 나는 지금도 며느라期를 겪고 있다. 그러나 마냥 착하다는 칭찬에 휘둘려서 내 마음이 다치는데도 불구하고 시댁에 가서 인형처럼 웃는 것은 더 이상 하지 않으려고 한다. 매주 2번 이상 찾아 뵙고 주말이면 시부모님 모시고 나들이 가던 것도 이제 한 달에 한번 시댁 방문으로 바꿨다. 매일 3~4번씩 전화 주시던 어머님의 전화도 바쁠 때는 패스하기도 했고 예전에는 시댁 행사에 맞추던 스케줄은 우리부부의 일정에 맞추고 남편과 나의 시간을 확보하고자 노력하고 있다. 이런 나의 변화에 시부모님은 서운함을 표현하시기도 한다. 그런 얘기를 들으면 나도 죄송하지만 이 죄송한 마음 때문에 다시 예전으로 돌아갈 생각은 없다. 지금은 서운하실지라도 우리부부가 매일 치열하게 싸우고 사는 모습을 보는 것보다 행복하게 잘 사는 모습을 보시는 게 더 좋으리라 스스로 합리화해본다.

나는 며느리이지만 한 사람의 나로 살아가고 싶다. 남편 내조보다는 내가 하는 일을 인정받고 내 영역에서 대체 불가능한 사람으로 성장하고 싶다. 앞으로도 무수한 편견과 갈등의 상황에 마주치겠지만, 그리고 그 상황에 마주칠 때마다 유쾌하지 못한 감정을 겪을 테지만 내 마음을 다치면서까지 괜찮은 척 웃지 않기로 했다. 때로는 단호하게 때로는 정중하게 나를 지키면서 한 사람의 나로 성장하고 싶다.

육아를 통한 성격 변화

성격은 육아를 통해서도 변화하게 된다. 아마 가장 크게 변하도록 만드는 원인이 아닐까 싶다. 여자의 삶을 한번 살펴보자. 우선순위가 바뀐다. 밤새 뒤척이는 아이가 언제 깰지 모르는 불안감 속에서 제대로 된 잠을 자는 것을 기대하기 어렵다. 그렇게 쪽잠을 자다가 아침이 되어 아이가 눈을 뜨는 시간에 맞춰 같이 눈을 뜨게 된다. 엄마라는 존재의 스케줄은 아이의 생활 패

턴에 의해 결정된다. 먹고 싶을 때, 쉬고 싶을 때, 자고 싶을 때 할 수 있었던 모든 자유를 한 순간에 빼앗기게 된다. 한 손에는 커피, 다른 한 손에는 유모차를 끌며 여유 있게 육아를 하는 광고 사진은 현실에서 불가능하다. 아이를 안고서도 돌보기 편한 복장인 면티와 레깅스만 입고 있는 내 모습을 보게 된다. 세수 후에 아이 로션을 후다닥 바르는 내 모습을 보면서 우울·무기력·자신없음이 밀려온다. 여자들은 이때 다양한 감정의 혼란을 느끼게 되는데, 미리 예상치 못했다. 아기에 대해서 이런 생각만 했을 뿐이다. '아기가 나오면 예쁘겠지', '누굴 닮았을까', '정말 잘 키워야지'와 같이 기대만 크게 갖지, 어떤 큰 변화가 있고 어떤 불편함으로 힘들게 될지는 예상하지 못한다. '아기가 왜 우는건지', '배고픈 신호는 무엇인지', '언제 안아줘야 하는지', '잠은 왜 안자는 건지' 등 알아야 할 것이 너무나 많다. 우선은 친정엄마나 시어머니를 통해서 그 신호들을 배우게 된다. 위기는 넘길 수 있다는 말이다.

포기가 아닌 성숙

여자에서 엄마가 되는 그 순간에 많은 것을 느끼고 배우는데, 성격은 바뀌지 않을 수 없다. 그렇다면 엄마가 아닌 여자로서의 모습은 다 버려야 하는 걸까. 요즘은 여자로서의 모습도 잘 유지하는 엄마들이 많다. 무엇보다 그것을 인정해주는 사회분위기가 형성되어 가고 있다. 여자를 포기하고 엄마의 모습으로 사는 것이 행복과도 거리가 멀고 자녀 교육에도 크게 도움이 되지 않는다. 건강한 엄마로부터 건강한 가정이 만들어지고, 건강한 자녀까지도 기대할 수 있다. 이런 변화는 여자 뿐만 아니라 남자의 경우도 마찬가지다. 그런 점에서 성격의 변화는 '포기'를 의미하는 것이 아니라 '성숙'을 의미한다.

자녀 교육

완벽한 아이 팔아요

여러분의 부모는 여러분을 교육할 때 어떻게 교육을 했는가? 아주 먼 기억 속으로 들어가보자. 학원에 보내거나 과외를 시켰는지, 학습지를 주로 이용했는지, 아니면 자유롭게 방치했는지 기억이 떠오르는가? 부모마다 자녀를 어떻게 교육시킬지 생각이 다르다. 그런데 생각한 방법과 실행은 일치하지 못할 수도 있다. 대안학교나 혁신학교를 보내고 싶다고 다 그 학교로 자녀를 보낼 수 있는 것은 아니다. 여기에서는 어떤 자녀 교육 방법이 가장 좋은지 설명을 하려고 하는 것이 아니다. '완벽한 아이'에 대한 집착을 버리라고 말하고 싶다. 책 <완벽한 아이 팔아요>

라는 그림책이 있다. 아이를 파는 마트를 찾은 부부는 완벽한 아이를 데려온 후 부부의 선택이 완벽했다며 만족해 한다. 완벽한 아이는 정말로 완벽한 모습을 보여주었다. 어느 날 엄마의 실수로 학교에서 창피를 당한 아이는 그만 부모에게 화를 내는 일이 벌어졌다. 부부는 완벽한 아이를 마트에 데리고 가서 A/S를 받았다. 그 후 완벽한 아이는 부부에게 가고 싶어하지 않았다. 그 이유는 완벽한 아이는 완벽한 부모에게 가고 싶었기 때문이다. 요즘 부모들에게 많은 것을 시사하는 그림책이다. 이 책이 말해주고자 하는 메시지는 무엇일까? 세상에 완벽한 사람은 없다는 것을 역설적으로 표현한 것은 아닐까. 자녀교육도 마찬가지다. 자녀를 교육하는 목적은 완벽한 아이로 키우기 위함이 아닌 성장하는 자녀를 응원하고 지지하는 것이 아닐까 한다. 완벽한 아이를 원하는 것 자체가 아이를 망칠 수 있으며 가정의 불화를 가져오게 된다.

다음은 한 놀이학교 운영자의 이야기다.

놀이학교 아침 등원 때의 일이다. 등원 차량 시간에 맞춰 잘 나오던 소연이가 이 날은 시간이 되어도 나오지 않았다. 소연이 어머니에게 전화를 했지만 받지 않아서 답답한 마음에 집 근처로 찾아갔다. 난 어머니가 소연이를 다그치고 있는 모습을 보았다. 그때 나와 소윤이 어머니는 서로 눈이 마주쳤고 서로 놀란 마음을 감출 수 없었다. 나는 못 본 척 아이를 다독이며 함께 차량에 탑승했다. 오후에 아침 등원 때에 있었던 일에 대해 소윤이와 이야기하고 싶어서 놀이시간에 아이를 불렀다.
"소연아, 오늘 아침에 엄마랑 무슨 일이 있었을까?"
"엄마한테 혼났어요."
"소연이 속상했겠구나."
"선생님은 엄마가 소연이를 왜 혼내셨는지 모르겠지만, 소연이를 혼낸 엄마도 속상해하고 계실 것 같아."
아침 등원 때에 어머니는 왜 소연이를 혼냈는지 그 이유는 어머니에게 물어야 한다고 생각했다. 더구나 아이에게 맞은 흔적이 있어서 그 부분은 어머니에게 꼭 확인하고 싶었다. 사실 이 부분은 요즘 같으면 아동학대로 신고 대상이 된다. 나는 소연이 어머니에게 전화를 했고 어머니는 전화가 올 줄 알았다는 듯 덤덤한 목소리로 답변을 하셨다. 통화하는 내내 난 너무나 어이가 없었다. 훈육에는 반드시 분명한 이유가 있어야 한다. 이유가 타당하지 않다면 꽃으로도 때리지 말아야 하는데 그 말이 무색했다. 옛 어른들은 잘못을 한 아이의 종아리를 때려 잘못을 뉘우치게 하고, 깨달음을 얻게 하라고 가르쳤다. 옛 어른들은 종아리를

笞我理 대 회초리 종, 나 아, 깨달을 리라는 의미를 부여하기도 했다. 이때 때릴 수 있는 부위를 종아리로 한정했다. 그 외의 신체 부위는 함부로 건드려서는 안 된다. 그 중에서도 특히 때리지 말아야 하는 부위는 얼굴이다. 그런데 소연이가 맞은 부위는 얼굴과 머리였다.

소연이가 맞은 이유를 들어보니 난 너무나 어처구니 없었다. 엄마에게 버릇없게 행동을 한 것도 아니고, 동생과 심하게 싸워서 엄마를 화나게 한 것도 아니었다. 엄마와 받아쓰기 연습을 하는데 잘하지 못한다는 이유로 맞았다는 것이다. 여섯 살 아이는 받아쓰기를 왜 해야 하는지 이유를 모를 것이다. 자신의 이름을 쓰다가 틀려도 당연하다고 받아들여지는 나이인데, 받아쓰기를 잘 못해서 맞았다는게 난 도저히 이해를 할 수 없었다. 전화 상담으로는 한계가 있다고 판단하여 소연이 어머니가 원으로 오실 수 있도록 유도했다. 어머니의 표정, 말투, 몸짓 등 비언적인 것을 통해서 어머니의 마음상태를 파악하는 것이 필요했다.

엄마는 야단을 맞으러 온 아이 마냥 목례만 하고는 자리에 앉았다. 상담실 자리에 앉은 어머니는 어린아이처럼 울기 시작했다. 나는 너무 놀라서 진정하시길 기다렸고 좀 지나자 어머니는 자신의 속마음을 꺼냈다. 소연이에 대한 어머니의 기대가 있었다. 소연이가 그것을 따라오지 못하는 것이 속상했던 것이다. 자신에 대해서 생각하는 부족함이 소연이에게는 없기를 바라는 마음으로 소연이를 몰아붙이고 있던 것이다. 소연이가 돌이 지날 무렵부터는 학습지를 시켰다고 한다. 동네 사람들에게 자신의 교육열을 자랑하는 것이 보람이기도 하다고 말을 했다. 난 어머니가 왜 소연이를 혼냈는지 이해가 되었다. 소연이 어머니처럼 아이에게 모든 것을 거는 어머니들이 있다. 이런 학부모는 자신과 아이를 동일시하고 아이가 부모가 기대하는 것만큼 따라주지 않으면 아이에게 격한 감정을 보인다. 아이에 대한 기대를 사랑으로 착각하고 아이를 괴롭히고 있는 것이다.

소연이 어머니는 자존감이 무척이나 떨어진 상태다. 나는 어머니에게 아이의 입장을 이해할 수 있도록 충분히 이야기를 했다. 그리고 아이의 발달 수준에 대해서도 다시 한 번 설명해주었다. 마지막으로 아이가 겪은 오늘의 일에 대해 엄마가 꼭 사과할 것을 부탁했다.

행복을 빼앗은 부모

아이들은 아직 발달하는 중이다. 태어날 때부터 무엇이 되기 위한 씨앗을 하나씩은 품고 태어난다. 부모는 그 씨앗을 아이가 찾을 수 있도록 도와주는 역할을 해야 한다. 부모 자신의 기준을 내려놓아야 아이는 자신의 기질과 강점을 발견할 수 있다. 아이마다 가지고 태어난 기질이 다르고, 하고 싶은 일이 다르다. 그런 점들을 무시 한 채 부모의 기준만을 강요한다면 아이의 행복은 어디에서도 찾을 수 없다. OECD국가 중 우리나라의 행복지수가 꼴찌라는 뉴스를 심심찮게 듣는다. 자살률 1위, 저출산 1위, 초고령화 1위인 상태에서 행복지수가 꼴찌라는 것은 연결된 내용이라고 볼 수 있다. 행복지수를 높이려면 부모의 집착을 내려놓아야 한다. 절대로 좋은 부모가 아니다. 아이는 나에게 행복하기 위해서 왔는데, 부모라는 이유로 아이의 행복을 악착같이 빼앗고 있다. 자신은 나쁜 부모인데 좋은 부모로 알고 있는 최악의 부모는 아닌지 고민해보자. 심각한 주제다.

교육관 확인했는가?

부부 두 사람의 교육관이 일치하는지, 아니면 정반대인지 확인해야 한다. 정반대라면 분명 갈등이 생겨 싸우게 된다. 사교육에 몰두하는 사람과 그런 사교육이 아이의 미래에 그리 큰 도움이 되지 않고 가정 경제만 힘들게 한다는 주장을 하는 사람이 결혼을 한다면 매 학기마다 갈등을 겪게 될 것이다. 누가 더 낫다고 하기 전에 자신이 고집하는 교육관을 실행할 실행력이 없다면 상대의 방법을 허용하자. 그리고 무엇보다 더 중요한 것은 아이가 원하는 것을 들어보는 것이다. 물론 아이가 제대로된 판단을 못할 가능성도 크다. 랩퍼가 되고 싶어 지금부터 학교를 그만두고 열심히 랩 연습을 하겠다는 극단적인 선택만 아니라면 아이의 이야기도 진지하게 받아들이자. 부모와 아이 모두의 협조가 필요한 것이다. 지금 시대는 예전처럼 열심히 공부해서 좋은 대학교에 가는 것만을 목표로 하는 그런 시대가 아니다. 부모가 알지 못하는 새로운 길이 너무 많다. 부모의 체면 때문에 아이에게 지난 시대의 목표를 강요해서는 안 된다. 두고 두고 원망을 듣게 된다. "다 너를 위해서 그런거라고!"와 같은 말을 절대로 하지 말자. "누가 해달라고 했어요?"라는 답변을 듣게 되어 부모가 상처를 받게 되지만, 자녀는 자녀대로 큰 응어리를 평생 안고 살게 된다.

가치관 대화 필요

민감한 것의 대화 필요

결혼 이후에 부부는 서로 많은 것을 배우게 된다. 양쪽을 통해서 배우는 것 외에도 어른으로써, 한 집안의 주인으로써 배우게 되는 것들이 많다. 정치에 대해서도 결혼 후에 관심이 훨씬 커진다. 왜냐하면 누구를 뽑느냐에 따라 생활에 직접적인 영향을 주기 때문이다. '민식이법'을 기억하는가? 2019년 9월 충남 아산의 한 어린이보호구역에서 교통사고로 사망한 김민식 군(당시 9세) 사고 이후 발의된 법안으로, 12월 10일 국회 본회의를 통과했다. 이 경우도 정치가 얼마나 중요한지를 보여주는 사례라고 할 수 있다. 정치를 알면 알수록 경제와 언론, 외교까지도 생각하게 되고 뉴스에 나온 내용들을 스스로 필터링하면서 보게 된다. 이런 이야기를 하다보면 좌파와 우파, 여당과 야당의 이분법적인 대화가 이어진다. 서로의 생각을 존중해가면서 무엇이 올바른 가치관인지 정립해가는 시기가 이때라고 볼 수 있다. 올바른 가치관을 세우기 위해서는 민감한 부분도 이야기할 수 있어야 한다. 정치와 종교에 대해서는 이야기하지 말자는 사람도 있지만 오히려 이런 이야기를 할 수 있어야 정치가 발전하고 종교가 부패하지 않게 된다. 그래서 이 글의 소제목은 '가치관'이 아니라 '가치관 대화 필요'인 것이다. 그것에 대한 대화가 필요하다. 이런 대화는 부부 사이를 넘어 자녀와도 함께할 수 있어야 하고, 이런 대화를 할 수 있다는 것은 엄청난 지식을 갖고 있는 집안이라고 할 수 있다. 한국의 근현대사는 기본적으로 알아야 하며, 정치제도와 현재의 사건들, 검찰과 언론의 개혁이 왜 필요한지도 아는 집안이다. 한국의 가정에서 이런 토론을 하는 곳이 얼마나 될까? 의미있는 토론을 하기 위해서는 멜로 드라마를 포기해야 할 수도 있다. 아니 그런 멜로 드라마도 더 깊이있게 보고 평가할 수 있다. '민감한 것'의 대화가 필요하다고 말했는데, 사실 민감한 것은 아니다. 그동안 그렇게 착각을 했을 뿐이다.

가정에서의 대화 시간 보장

부부의 이런 대화가 처음부터 바로 시작될 수 없다. 서로의 합의가 필요하고 자연스럽게 약속이 되어야 가능하다. 그래서 처음부터 욕심을 낼 필요는 없다. 작은 주제부터 시작을 하자. 그리고 시간을 정하는 것이 중요하다. 피곤하고 바쁜 삶을 살고 있을 때 대화를 하는 것도 힘든 시간이 될 수 있다. 핸드폰으로 좋아하는 영상을 보지 대화를 하지 않을 것이다. 유대인의 안식일 개념을 이용하면 좋다. 유대인은 모세의 율법을 지키는 민족이다. 그들이 지키는 법 중에서 쉬는 법이 있다. 이때에는 절대도 일을 해서는 안 된다. 그런데 '일'이라는 것의 기준이 모호하다. 그래서 '일'의 상세 내용을 정했다. 무조건 그 시간에 법에서 하지 말라고 하는 것은 절대로 하지 않는다. 금요일부터 토요일까지 안식일이기 때문에 유대인은 무료한 그 시간에 가족 간의 대화를 한다. 처음부터 대화를 하기 위해서 쉬는 것이 아니었

다. 아무것도 할 수 없다보니 대화를 하게 될 것이다. 확실한 시간이 보장되어 있다보니 오직 가족 간의 대화에 집중할 수 있게 되었다. 우리의 가정에도 이런 '시간 확보'가 보장되어야 가능할 것이다. 평소에 말 없는 남편에게 "책에서 대화를 하래. 시작해봐."라고 하면 그렇게 시작을 하겠는가? "뭐야. 왜그래?"라고 무뚝뚝하게 말할 것이다. 대화를 할 수밖에 없는 제도와 분위기가 중요하다.

에필로그

결혼에 대해서 5명의 전문가가 모여 글을 썼다. 신기하게도 모두 결혼에 대해서 매우 냉철하고 객관적인 시각을 갖고 있는 사람들이었다. 의견이 다르면 어떻게 하나 싶었지만 전혀 걱정할 이유가 없었다. 저자 모두 기혼자이자 성격·심리·부모 교육 전문가이다. 우리는 이 책을 통해 알려주고 싶은 내용을 자신있게 각자의 전문지식을 잘 연결해서 담아보았다.

인류의 대부분 사람들이 결혼을 해왔고 그만큼 쌓인 노하우가 많을텐데 정반대로 그것에 대한 올바른 교육이 없다는 것이 아이러니하다. 그 이유를 찾자면 시대가 변하고 사람들의 생각이 다르기 때문이라고 할 수도 있겠지만, 그냥 '실수의 연속'으로 살아가고 그것을 방치하고 있다는 것이 가장 정확한 분석인 것 같다.

결혼할 사람들, 그리고 이미 결혼을 했지만 뭔가 불편함을 많이 느끼는 사람들에게 도움이 되는 책이고 싶었다. 결혼에 대해서 다시 생각하게 하고 싶었고, 가장 바람직한 것은 부부 두 사람이 같이 읽는 것이다. 하지만 그것은 독자에게 맡기겠다. 이 책을 통해서 두 사람이 함께 성장하는 시작점을 만들기를 바란다. 그것이 이 책에서 말하고자 하는 목적이다. 그것이 쉽지 않고 간단하지 않기 때문에 여러가지 이야기를 담을 수 밖에 없었다. 읽는 것에서 멈추지 말고 하나씩 신청해보자. 결혼 디자인은 하나씩 시도할 때 이루어진다. 그 후에 로멘스를 찾아야지 순서를 바꿨다가는 갈등의 연속일 수 밖에 없다는 점을 꼭 기억하자.

결혼을 하고자 하는 분들에게는 누구를 선택할지 그 선택 조건에 대해서 이야기를 했다. 어떤 가치관을 갖고 있는 사람을 만날 것인가가 너무나 중요하다. 하지만 그 전에 어떻게 만날지도 그에 못지 않게 중요하다. 이 책의 내용으로 자신에게 맞는 이상적인 사람을 알았다고 그 사람이 나에게 나타나거나 우연히라도 만나게 될 확률이 있다고는 할 수 없다. 그래서 '만남'에 대한 전략도 필요하다고 언급을 했다.

혹시 이 책의 내용에 관하여, 결혼에 관하여 고민이 있거나 문의가 있다면 언제든지 저자에게 연락을 해도 좋다. 말도 안 되는 질문 외에는 정성스럽게 답변을 드리고 싶다. 왜냐하면 '결혼'이라는 주제는 너무나 중요하기 때문이다. 독자의 인생이 잘 풀려 나가기를 바란다. 그리고 자신의 결혼·임신·출산·육아를 객관적으로 바라보기를 바란다.

결혼은 결국 사람과의 만남이며, 집안의 연결이자, 새로운 자녀와 함께 하는 삶이다. 즉 사람과 이루어지는 이야기다. 그래서 집을 사거나, 동물을 키우는 일과는 그 성격이 다르다. 사람을 잘 알아야 한다. 물건과 다르게 사람이라는 존재는 너무나 많은 면을 갖고 있다. 그 다른 면들을 잘 이해해야 겠다는 것으로부터 시작하자. 생각보다 갈등은 술술 풀릴 수 있다.

기혼자들에게도 하고 싶은 말이 많았다. 결혼을 이미 했지만 어떻게 만들어가는 것이 맞는 것인지는 모를 것이다. 그냥 정으로 살고, 의리로 살며, 습관으로 살아가는 기혼자들이 많다. 하지만 더 행복한 인생의 2막 기혼자의 삶은 그냥 찾아오지 않는다. 절대 포기하지 말자. 하나씩 하나씩 결혼 생활을 디자인하다보면 새로운 행복이 찾아온다. 아는 만큼 행복해지며 실행한 만큼 이루어진다. 꼭 이루어지기를 응원을 한다.

결혼을 디자인하라 진단지와 해설

'결혼을 디자인하라' 진단지

no	문항	점수 별로	점수 보통	점수 매우
1	나의 결혼의 결정에 대해서 내 주도권이 가장 크다.	A	B	C
2	부모님의 모습은 나의 결혼관에 큰 영향을 미쳤다.	C	B	A
3	나는 결혼을 할지 말지에 대해서 아직도 고민중이다.	C	B	A
4	주변에서 나에게 결혼에 대해 질문을 하면 너무 불편하다.	C	B	A
5	아이를 갖는 것에 대한 나의 명확한 결정이 있다.	A	B	C
6	가족을 위해서 나는 나의 시간을 사용할 준비가 되어 있다.	A	B	C
7	난 결혼할 상대를 선정할 때 나의 직관을 믿는다.	C	B	A
8	운명적인 배우자를 기다리고 있다.	C	B	A
9	결혼을 통해서 신분의 변화가 있다는 것을 예상하고 있다.	A	B	C
10	사람을 만나는 것이 불편하고 피곤하다.	C	B	A
11	사람들이 날 좋아할 만한 매력요소가 확실히 있다.	A	B	C
12	난 사람에 대한 이해도를 높이기 위한 공부를 한다.	A	B	C
13	난 사람의 현재 모습보다 앞으로의 발전 가능성을 더 높게 평가한다.	A	B	C
14	집에서 각자 지켜야 할 매뉴얼을 중요시한다.	A	B	C
15	결혼 이후의 삶도 중요하지만 화려한 웨딩은 절대로 포기할 수 없다.	C	B	A
16	겉으로 보여지는 결혼식, 경제력, 배우자의 능력을 자랑하고 싶다.	C	B	A
17	사랑으로 결혼 생활을 멋지게 만들 수 있다.	C	B	A
18	나는 결혼에 대한 교육을 받은 적이 있다.	A	B	C
19	자녀를 좋은 학군에, 유명한 학원에 보내고 싶다.	C	B	A

no	문 항	점수 별로	점수 보통	점수 매우
20	주변 기혼자들과의 이야기가 결혼에 큰 도움이 된다고 생각한다.	C	B	A
21	결혼을 했지만 어떻게 해서든 이혼을 하는 것은 막아야 한다.	C	B	A
22	이혼을 하는 절차에 대해서 어느 정도 알고 있다.	A	B	C
23	나는 나의 발전을 위해서 책을 꾸준히 읽는 사람이다.	A	B	C
24	결혼을 할 때 양쪽 집안의 상황도 어느 정도는 고려해야 한다.	A	B	C
25	결혼을 하면 어느 정도는 남자와 여자의 역할이 각각 있다고 생각한다.	A	B	C
26	나는 가계부를 쓴다.	A	B	C
27	아이의 교육관에 대해서 배우자와 이야기하고 조율을 한다.	A	B	C
28	어른이 되어서 결혼을 하는 것이 아니라, 결혼을 한 후로 어른이 되어간다.	A	B	C
29	아이를 행복하게 해주기 위해서 아이의 성적에 집중을 할 계획이다.	C	B	A
30	회의와 토론을 하는 것을 즐긴다.	A	B	C
31	사회 돌아가는 것, 사회 문제, 정치적인 뉴스 등에 관심이 많다.	A	B	C
32	나는 배우자가 결혼 전과 후에 바뀌지 않아야 한다고 생각한다.	C	B	A

A의 갯수 : ☐   X 1 = ☐

B의 갯수 : ☐   X 2 = ☐   총합계 = ☐

C의 갯수 : ☐   X 3 = ☐

'결혼을 디자인하라' 진단지 해설

당신의 총합계의 위치를 위의 표에 표시해 주세요.

▸ 32~48점 : 결혼 디자이너에게 디자인을 요청해주세요.
▸ 48~64점 : 이 책의 내용을 통해서 새롭게 자신의 결혼을 디자인 해주세요.
▸ 64~80점 : 약간 재수정할 내용이 있습니다. 이 책을 통해서 발견해 주세요.
▸ 80~96점 : 몇 가지만 수정을 해주세요. 멋진 결혼 생활에 가깝습니다.

[문항에 대한 해석]

1. 나의 결혼의 결정에 대해서 내 주도권이 가장 크다.

결혼 당사자인 나에게 주도권이 없다면 결혼은 부모의 뜻에 따라 결정된다. 결혼의 행복과 불행도 부모의 영향에 따라 이루어진다. 결혼을 내 멋대로 결정하라는 의미는 아니다. 현명한 선택도 자신이 해야 하고, 결정에 대해서도 책임을 져야 한다.

2. 부모님의 모습은 나의 결혼관에 큰 영향을 미쳤다.

결혼 전까지 부모의 모습을 보며 결혼에 대한 학습을 해왔다. 하지만 부모의 모습은 완벽한 모습이 아니다. 그리고 시대에 따른 새로운 부부의 기준이 필요하다. 부모가 보여준 모습에 의해서 자녀의 결혼 생활이 결정되면 안 된다. 새로운 모습으로 설정되어야 한다. 부모의 틀에서 벗어나 더 멋진 모습을 만들자.

3. 나는 결혼을 할지 말지에 대해서 아직도 고민중이다.

　결혼을 할 시점이거나 그 시점을 지났는데 아직도 결정을 하지 못했다면 문제가 된다. 앞으로의 인생을 결정해야 하는 시점이기 때문에 결혼에 대한 결정을 할 때 우유부단하면 안 된다. 결혼 결정에 대해서 회피하지 말고, 결단력 있게 결정을 해야 한다. 계속 고민 중인 상태로만 간다면 주변 가족들의 눈총도 끊이지 않게 된다.

4. 주변에서 나에게 결혼에 대해 질문을 하면 너무 불편하다.

　언제까지 피할 수 없다. 물론 불편하게 그런 질문을 하는 사람들도 문제다. 하지만 이런 질문에 대해서 겸허하게 받아들이고 과감하게 나 자신의 의견을 말하자. 결혼에 대한, 출산 계획에 대한 생각을 자신있게 말하자. "나의 결혼 이야. 네가 그렇게 말할 권한은 없어."라고도 말해주자.

5. 아이를 갖는 것에 대한 나의 명확한 결정이 있다.

　결혼을 하면 그 다음 따라오는 질문이 2세에 대한 것이다. 한 명을 낳으면 그 다음 둘째를 물어본다. 얼버무리지 말고 명확한 나의 의견을 말하던가 아니면 남의 가족 계획에 대해서 이렇게 이야기하는 것이 실례라고 이야기를 해보자. 명확한 결정이 없다보니 쭈볏쭈볏한다. 그럴 이유가 없다.

6. 가족을 위해서 나는 나의 시간을 사용할 준비가 되어 있다.

　결혼을 하고 아이가 생기면 나의 시간의 상당부분을 배우자 또는 아이를 위해서 써야 한다. 그럴 준비가 된 사람이 결혼을 해야 한다. 그런 삶을 살고 싶지 않은 상태에서 결혼을 하면 서로를 불행하게 만든다. 각오를 하고 성실하게 가족들을 위해 시간을 쓰자. 그럴 책임이 있다.

7. 난 결혼할 상대를 선정할 때 나의 직관을 믿는다.

　직관을 믿으면 분명 후회한다. 직관으로서 사람의 겉과 속을 다 알 수 없다. 그래서 나중에 후회를 한다. 이 책에서도 상대를 보는 눈이 매우 신중해야 함을 강조했다. 무조건 직관을 믿지 말자. 배우자가 뭐하는지 모르고 결혼했다가 사기꾼으로 드러난 경우도 많다는 점을 명심하자.

8. 운명적인 배우자를 기다리고 있다.

이것을 믿는다면 당신은 너무 순진한 사람이다. 운명적 만남이 극적으로 보이지만 그런 만남이라는 것은 없다. 어떻게 해서든 연결고리를 찾아서 '운명'이라는 단어를 붙일 뿐이다. 당신이 꿈꾸는 운명적인 만남에 가까우려면 사람들을 많이 만나서 그 확률을 높여야 한다. 그리고 당신 또한 상대에게 그런 사람이 되기 위해 노력해야 한다. 가만히 있는 사람에게 어울리는 운명적인 사람은 게으름뱅이 아니면 사기꾼이다.

9. 결혼을 통해서 신분의 변화가 있다는 것을 예상하고 있다.

부잣집 자녀와 결혼을 해서 경제적 신분의 상승을 노리라고 하는 말이 아니다. 결혼은 다른 집안과 하나가 되는 큰 행사다. 당연히 어떤 모양의 신분 변화가 있을 수밖에 없다. 그 신분 변화를 준비하고 있어야 한다는 점이다. 그래서 이 책에서는 '만들어진 사람'이 아닌 '만들어질 사람'을 찾아야 한다고 말했다.

10. 사람을 만나는 것이 불편하고 피곤하다.

사람을 만나는 것이 불편하면 결혼을 하는 것은 더 귀찮을 것이다. 결혼을 하고 난 이후의 삶에서 일어나는 모든 일들은 더 귀찮게 된다. 귀찮음을 고쳐야 한다. 그것은 배우자, 자녀에게 안 좋은 영향을 미친다. 불행한 결혼생활이 예상된다.

11. 사람들이 날 좋아할 만한 매력요소가 확실히 있다.

매력요소가 있다는 말은 자신의 강점이 확실히 있다는 말이다. 그것은 결혼을 하는데 매우 유리하다. 그만큼 자기 관리를 한 것이고, 노력을 했다고 볼 수 있다. 만약 주변에서도 나에 대해서 어떤 강점을 말해준 것이 없고 스스로 생각을 해봐도 찾을 수 없다면 결혼은 미궁에 빠지게 된다.

12. 난 사람에 대한 이해도를 높이기 위한 공부를 한다.

이 내용은 배우자와의 관계만을 위한 것은 아니다. 결혼을 한 후에는 자신이 직접 처리해야 할 일들이 엄청 늘어나며, 사람과의 갈등도 많이 벌어지게 된다. 이때 사람에 대한 이해도는 너무나 큰 효과를 발휘한다. 이 이해도가 떨어지면 뒷담화를 할 수 밖에 없고 문제 해결은 전혀 이루어지지 않는다. 사람 공부를 시작하자. DISC, Enneagram, MBTI, TA 등을 배워보자. 이미 많은 사람들이 배우고 있다.

13. 난 사람의 현재 모습보다 앞으로의 발전 가능성을 더 높게 평가한다.
  앞으로의 발전 가능성을 보는 눈이 있다면 현재의 모습에 좌지우지되지 않는다. 현재 모습은 누구나 꾸미고 포장할 수 있다. 그래서 그것은 진실된 모습이 아닐 가능성이 크다. 앞으로 함께 살아갈 사람의 가능성을 보는 것이 더 중요하다. 결혼 후에 함께 발전될 모습은 이 발전 가능성이 좌우하게 된다.

14. 집에서 각자 지켜야 할 매뉴얼을 중요시한다.
  결혼 전에는 매우 규칙적이고 체계적인 사람처럼 행동하다가 결혼 후에는 완전히 퍼지는 사람들이 있다. 이제는 혼자 사는 삶이 아니다. 서로 지켜줄 것들은 지켜야 얼굴을 붉히지 않고 살아갈 수 있다. 가족 구성원들끼리도 지켜야 할 기본 수칙이라는 것이 있다. 그것들은 가정의 매뉴얼이 된다. 꼭 지키자.

15. 결혼 이후의 삶도 중요하지만 화려한 웨딩은 절대로 포기할 수 없다.
  여성분에게 더 해당되는 질문일 수도 있다. 인생에 딱 한 번뿐인데 웨딩을 어떻게 포기할 수 있는가라고 생각하는 사람들이 많은 것도 이해한다. 하지만 웨딩에 집중하지 않고 그것을 더 멋진 활동으로 전환하는 사람들도 많다. 결혼하는 부부, 그리고 하객들 모두에게 인생에서 멋진 일을 선사하는 것이 어떻겠는가. 뷔페 음식 평가를 하게 하는 것보다 몇 배로 의미있는 기억을 선물로 줄 수 있다.

16. 겉으로 보여지는 결혼식, 경제력, 배우자의 능력을 자랑하고 싶다.
  매일마다 자신의 SNS에서 파티를 하는 모습, 새로산 차, 배우자의 돈 지출을 자랑하는 사람들이 있다. 자신의 자유이지만 더 멋진 일을 할 수 있다. 이런 자랑은 자신의 자존감이 떨어지거나 겸손함을 모르는 사람일 가능성이 크다. 만약 나 자신이 이런 사람이고 비슷한 사람과 만나서 결혼을 한다면 그런 삶에서 벗어날 수 없다. 그런 자랑을 멋지다고 할 사람은 없다. 성숙해질 수 있는 부부의 모습에서 멀어진다.

17. 사랑으로 결혼 생활을 멋지게 만들 수 있다.
  사랑으로 멋진 결혼생활이 될 것 같다는 것 자체가 너무나 순진한 모습을 보여주는 것이다. 결혼 이후의 삶은 현실이다. 사랑으로 되지 않는 일들이 넘쳐난다. 그리고 당신은 '사랑으로 다 된다'라는 말에서 '사랑'이 정확히 뭔지 모른다. 그것은 단순히 지금 좋아하는 감정일 뿐이다. 환상에서 빨리 벗어나 현실적인 것들을 준비하자. 그래야 두 사람의 진정한 '사랑'은 오래 갈 수 있다.

18. 나는 결혼에 대한 교육을 받은 적이 있다.

교육을 받았다면 소수의 사람 안에 든다. 결혼 교육이 필수가 아니다보니 사실 대부분 그냥 결혼해서 살면서 경험한다. 그래서 실제로 많은 갈등이 벌어지고 실망하면서 이혼까지 가는 것이다. 결혼에 대한 교육은 필수라고 생각하자. 배우자도 교육을 받았는지 확인하자. 두 사람 모두에게 필요하다. 우리는 결혼에 대해서 너무나 모른다.

19. 자녀를 좋은 학군에, 유명한 학원에 보내고 싶다.

자녀의 성적을 위해서 이사를 하고 학원에 줄서서 신청을 하는 부모들이 있다. 아이들을 위해서 자신이 매우 좋은 부모의 역할을 잘 하고 있다고 생각할 것이다. 하지만 자신의 욕심일 뿐이다. 나와 아이를 동일시하는 것으로부터 벗어나자. 또한 부모의 삶도 중요하다. 아이의 자립심을 키워주고, 주도적 학습을 할 수 있도록 만들어주고, 부모는 부모의 시간을 쓸 수 있어야 한다. 억척스러운 부모가 되지 말자.

20. 주변 기혼자들과의 이야기가 결혼에 큰 도움이 된다고 생각한다.

결혼의 멘토가 없는 현실에 살고 있다. 기혼자들끼리 만나서 이런 저런 이야기를 나눈다. 모두 자신의 경험을 이야기할 뿐이다. 종종 좋은 조언을 해주는 사람도 있지만 모두 주관적인 생각들이기 때문에 완벽한 의견이라고도 할 수 없다. 그래서 제대로 된 '결혼 교육'을 받는 것이 중요하다. 주변의 이야기는 참고만 할 뿐 지침으로 삼아서는 안 된다.

21. 결혼을 했지만 어떻게 해서든 이혼을 하는 것은 막아야 한다.

이혼을 할 일이 없는 결혼을 하는 것이 가장 좋다. 하지만 문제가 크게 발생했다면 이혼도 고려를 해야 한다. '어떻게 해서든'을 지키려고 불행한 결혼의 삶을 이어가는 것은 좋지 않다. 자신과 아이들에게 불행한 삶을 매일 살도록 하게 하는 것이다. 이혼도 때로는 용기가 필요하고 이혼 후의 더 나은 삶을 디자인하는 것도 필요하다.

22. 이혼을 하는 절차에 대해서 어느 정도 알고 있다.
  법이 필요할 때 법을 잘 이용하려면 그 법이 어떤지 알고 있어야 한다. 법을 두려워해서 이용하지 못한다면 답답한 삶을 살게 된다. 이혼을 한 사람들이 하는 말이 있다. "이혼이 이렇게 빨리 끝날 줄 몰랐어. 아주 간단해. 서로 합의만 되면 전혀 어렵지 않아." 이 책에 나오는 이혼의 기본적인 내용을 기억하자. 또는 주변에 이혼을 한 사람들에게 물어보자. 경험자가 현실감있게 더 잘 알려줄 것이다.

23. 나는 나의 발전을 위해서 책을 꾸준히 읽는 사람이다.
  인생의 2막은 결혼 후에 시작된다. 결혼 전에는 학교에서 공부를 했다. 하지만 그 공부는 인생에서 활용이 될 내용이 별로 없다. 결혼 후에 꾸준한 공부를 가능케 하는 가장 쉬운 방법은 책이다. 그래서 결혼 후에 책을 열심히 읽는 사람과 전혀 읽지 않는 사람은 그 수준이 달라질 수 밖에 없다. 혹자는 어렸을 때부터 '책 읽는 습관'을 만들지 않아서 책을 읽지 못하겠다고 하지만 그것은 핑계다. 학창시절에 책을 많이 읽은 사람은 그리 많지 않다. 여러분도 어느 순간 부모님과 대화가 잘 되지 않는다는 것을 느끼지 않았는가. 그것은 부모님도 예전의 삶에서 학습이 중단되었기 때문이다. 부부가 함께 책을 읽는다면 아이들과 함께 식사를 하면서 전문 내용의 토론도 가능해진다.

24. 결혼을 할 때 양쪽 집안의 상황도 어느 정도는 고려해야 한다.
  좋아하는 두 사람만 잘 맞는다면 아무런 문제가 없다고 생각할 수 있다. 하지만 절대로 그렇지 않다. 결혼은 집안의 연결이라는 점을 무시할 수 없다. 서로 자신의 집안에 대해서 이야기를 해야 하고, 이해가 필요한 부분도 미리 공유해야 한다. 결혼 후에 집안의 영향으로 불화가 많이 생기기도 하고, 그것으로 결국 부부의 관계까지 망가지기도 한다. "집안은 건들지마!"라고 이야기하는 것처럼 이 이야기는 민감하기 때문에 미리 충분히 고려하자.

25. 결혼을 하면 어느 정도는 남자와 여자의 역할이 각각 있다고 생각한다.
  남녀평등을 거스르는 말을 하고자 하는 것이 아니다. 사회는 어느 정도 관습적으로 돌아가는 것들이 있다. 잘못된 관습은 점점 사라지고 있지만 남녀의 성별에 따른 역할은 아직도 상당수 존재한다. 그래서 남편으로서, 아내로서 생각해야 할 부분을 알고 있자. 그래야 행복한 결혼생활을 만들어 갈 수 있다. 이 역할을 이야기하는 이유는 책임감을 갖지 않는 사람들이 있기 때문이다. 남편으로서, 아내로서, 남자로서, 여자로서, 사위로서, 며느리로서 해야 할 책임이 있다는 것을 알고 준비하자.

26. 나는 가계부를 쓴다.

결혼 후에 가정의 지출이 갑자기 폭탄으로 다가올 것이다. 부모의 보살핌 안에서 있을 때에는 이런 지출이 있다는 것을 전혀 몰랐을 것이다. 이제는 엄청난 지출이 부담을 준다. 이전보다 몇 배로 돈을 벌어야 하고, 함부로 지출을 해서는 경제적 안정을 유지할 수 없다. 그래서 가계부를 써야 가정의 수입과 지출이 어떻게 돌아가는지 알 수 있다. 그렇지 않으면 빚은 갑자기 크게 쌓일 수 있다. 가계부를 쓰는 것은 귀찮은 일이다. 하지만 매우 꼼꼼하게 챙겨야 한다. 필수적인 활동이라고 받아들이자.

27. 아이의 교육관에 대해서 배우자와 이야기하고 조율을 한다.

아이를 낳아 키우다보면 정신없이 하루 하루가 지나간다. 그러다 보면 아이의 교육에 대해서 신경을 쓸 겨를이 없을 수 있다. 이때 아이에 대한 부부의 교육관이 다르다보면 갈등이 생길 수 있다. 두 사람의 교육관을 공유하고 아이에게 어떤 방식을 제공할 것인지 결정하자. 서로 배우자에게 떠넘기면 안 된다. 그러면 나중에 "아이 교육을 어떻게 시켰길래~~~"라는 원망의 말을 하게 된다. 부모가 조율한 내용을 아이에게도 물어보자. 아이의 행복이 가장 먼저다.

28. 어른이 되어서 결혼을 하는 것이 아니라, 결혼을 한 후로 어른이 되어간다.

결혼을 한다고 하니 이제 어엿한 어른이 되었다고 생각할 수 있다. 하지만 아직 어른이 아니다. 그동안은 책임을 질 일이 별로 없었고 책임을 진 것도 거의 없었다. 결혼 후에는 두 사람이 책임을 져야 할 것들이 많이 늘어난다. 어른이 되지 않을 수가 없다. 그러니 이제 새롭게 열심히 어른이 될 준비를 하고 꾸준히 노력해야 한다. 각오하자. 결혼을 하지 않은 사람들을 어른으로 보지 않는 어른들이 시각이 있는 것도 그런 이유일 것이다.

29. 아이를 행복하게 해주기 위해서 아이의 성적에 집중을 할 계획이다.

성적에만 집착하는 어른들이 아이의 행복을 빼앗아 간다는 것을 알고 있을 것이다. 그런데 그런 집착을 하는 부모들이 많다. 말로는 "다 너를 위해서 그러는거야."라고 말은 하지만 착각이다. 부모 자신의 만족이다. 자신의 기준이고 남에게 보여주기 위해서 아이에게 힘들게 강요하는 것이다. 아이는 성적을 잘 받기 위해서 이 세상에 태어난 것이 아니다. 그리고 성적이 자녀의 미래를 보장해주지 않는다는 것도 사실이다. 지금은 더욱 그런 시대다. 아이의 성적에 집중하지 말고 아이가 진정으로 원하는 것이 무엇인지 관심을 갖자. 그것이 부모가 할 일이다. 아이들의 자살 뉴스를 남의 일이라고 생각하지 말자. 부모가 살인자가 되는 일은 반드시 막아야 한다.

30. 회의와 토론을 하는 것을 즐긴다.

가족은 매일 함께 사는 관계일 수 밖에 없다. 서로 많은 대화를 해야 하는데 건설적인 대화는 드라마를 평가하는 것으로 이루어지지 않는다. 어떤 문제에 대한 '회의'와 '토론'을 통해서 가능해진다. 특히 아이는 자라날수록 엄청 많은 질문을 한다. 그 질문들을 받아줄 수 있는 부모가 되어야 한다. 학원에 모든 것을 맡기는 부모는 이런 회의나 토론을 해줄 수 없다. 그래서 "공부 열심히 해."라는 말 밖에 따로 해줄 수 있는 말이 없다. 부모가 해야 할 일을 돈을 들여서 남에게 맡기고 있지 않은가 생각해보자.

31. 사회 돌아가는 것, 사회 문제, 정치적인 뉴스 등에 관심이 많다.

사회가 어떻게 돌아가는지 관심을 갖아야 할 시점이 되었다. "난 정치 이야기하는 사람들이 정말 싫어."라고 말하는 것은 스스로 부끄러운 어른이라는 것을 증명하는 것이다. 그것은 자랑이 아니다. 어른이라면 더 많이 사회에 대해서 이야기를 해야 한다. 사회에 대한 무관심, 정치에 대한 무관심은 나라를 망하게 하는 길이다. 이런 것에 대해서 관심을 갖고 가족 구성원들이 함께 이야기를 나누는 것은 매우 바람직한 모습이다. 논쟁하기 싫어서 하지 않는다고 핑계를 대지 말자. 논쟁을 통해서 발전한다.

32. 나는 배우자가 결혼 전과 후에 바뀌지 않아야 한다고 생각한다.

결혼 전과 후에 사람은 당연히 바뀐다. 목표를 위해 달려갈 때와 목표를 달성한 후에는 바뀌는 것이 당연하다. 이런 결과를 예상하지 못했다면 아직 사람을 잘 모르는 것이다. 사람을 속이는 것이 아무렇지 않다는 것을 말하는 것이 아니다. 사람의 마음이 바뀐다는 것을 말하는 것이다. 상대만 바뀌는 것이 아니라 나도 바뀐다. 계속 "결혼 전에는 나한테 ~~~해준다고 하더니, 이게 뭐야?"라는 말을 해서 달라질 것이 없다. 처음부터 지켜질 수 없는 말이었다. 바뀌는 것을 당연히 받아들이고 원망을 멈추자.

결혼을 디자인하라

초판발행	2020년 6월 1일
지은이	김진태, 서수민, 경수경, 최연희, 이선희
발행자	Leo Kim
펴낸곳	brainLEO
출판신고	2016년 1월 8일 제2016-000009호
주소	서울특별시 양천구 중앙로 324, 203호 오프라세노
전화	02) 2070-8400
전자우편	jint98@naver.com
홈페이지	opraseno.com
ISBN	979-11-957934-8-8 (03330)
가격	16,000원

파본이나 잘못 만들어진 책은 구입하신 곳에서 교환해 드립니다.

Published by brainLEO
Copyright ©2020 김진태 & brainLEO

이 책의 저작권은 저자 김진태와 brainLEO에 있습니다.
저작권법에 의해 보호를 받는 저작물이므로 무단전재와 복제를 금하며, 이 책 내용의 전부나 일부를 이용하려면 반드시 저작권자와 출판사의 허락을 받아야 합니다.

이 도서의 국립중앙도서관 출판예정도서목록(CIP)은 서지정보유통지원시스템 홈페이지 (http://seoji.nl.go.kr)와 국가자료종합목록 구축시스템(http://kolis-net.nl.go.kr) 에서 이용하실 수 있습니다. (CIP제어번호 : CIP2020020834)